CHOSES D'ORIENT ET DE ROUMANIE

Conférences données aux Universités de Varsovie,
de Wilno, de Poznan, de Cracovie et de Lwów

par

N. IORGA

Professeur à l'Université de Bucarest, correspondant de l'Institut de France, de l'Académie de Cracovie et de la Société historique de Lwów

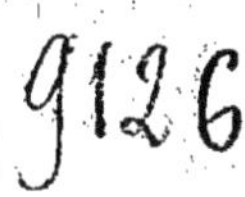

Bucarest
Librairie P. Suru

1924

Paris
Librairie Gamber

I.

Un aventurier de la Renaissance entre la Pologne et la Moldavie

Les relations entre la Pologne et les pays roumains sont moins anciennes, mais plus amicales qu'on ne le croit ordinairement. Au commencement, pendant le XIV-e — une seule fois et avec une tradition plutôt légendaire — et le XV-e, le XVI-e siècles, le conflit, qui se produit quatre fois, est dû avant tout aux traditions russo-lithuaniennes dont avait hérité la royauté polonaise et à des intérêts locaux et personnels. C'est ou bien la guerre des officiers de frontière en Pocutie, sur le Dniester, ou bien l'effet des théories, étrangères, de la Renaissance italienne, importées en Pologne par un Callimachus.

A un certain moment du XVI-e siècle, cependant, la couronne perd son prestige en Pologne et en Moldavie: la dynastie légitime fait place à des princes d'aventure. Il y a alors, sinon un contact d'un peuple à l'autre, au moins celui d'une aristocratie à une autre aristocratie, dans l'atmosphère des courants de la Renaissance et des modes de l'Occident.

4

L'incident du règne de quatre ans en Moldavie de l'aventurier grec Jacques Basilikos l'Héraclide, dit le Despote, représente un épisode caractéristique de ces relations.

Grec de Crète ou d'ailleurs, il commence par être copiste de manuscrits helléniques à Rome, puis il poursuit des études de médecine à Montpellier; ici et à St. Germain, amant et époux d'une Française, on lui attribue des assassinats. Ceci suffit pour le faire passer à un service en pays étranger. Par le Rhingrave il s'engage dans les rangs de l'armée de Charles V et assiste au siège de Renty. En même temps on le crée comte palatin, avec le droit de nommer des poètes lauréats et des notaires.

Pour des motifs inconnus il se rend à Königsberg, où il trouve dans le duc Albert un admirateur de ses talents et surtout de ses connaissances militaires; on prend ce „seigneur de Samos et marquis de Paros" pour l'héritier de la Grèce. Le duc le recommande au Palatin de Lithuanie, et, de Vilna, Jacques se rend auprès du roi à Cracovie, où il reçoit le même accueil.

Par des moyens qu'on ne connaît pas, il s'introduit dans l'intimité d'Alexandre, prince de Moldavie. De Jassy, en 1558, il demande en Pologne qu'on lui envoie des canons auprès de son ami, qu'il comble de compliments. Mais, bientôt, découvert comme fauteur de conspiration, il est contraint de détaler.

La Transylvanie l'abrite. Par une généalogie publiée à Braşov (Kronstadt) il se présente comme héritier de la Moldavie, car lui, l'Héraclide, est de la souche des Brancovitsch, de même que la femme d'Alexandre, la princesse serbe Hélène. Bientôt il apparaît à l'autre bout du pays, dans la région du Zips, où Albert Laski est son hôte, à Kesmark. L'officier hongrois de Cassovie, François Zay, le soutient, comme il le fera pour d'autres prétendants roumains ou rêvant de domination sur les Roumains. Pour dérouter ses ennemis, c'est-à-dire ceux qu'il compte de nouveau attaquer, le rusé personnage feint le mort, et Laski en larmes assiste à l'enterrement de son ami.

Puis, ayant réuni les soudoyers qu'il avait pu trouver sous la main, haïdoucs et hussards hongrois, trabants allemands, Français de Bourgogne, comme Villers, et de Vienne, comme de Revelles, mercenaires de Flandre, il descend avec l'inconsolable Laski en Moldavie et la conquiert par sa stratégie à l'antique et par ses canons modernes, d'une seul coup, en novembre 1561.

Esquissant un geste d'hommage envers la Pologne royale et gagnant les Turcs vénals, qui le reconnaissent par une ambassade solennelle de tschaouchs menant des chameaux en laisse, offrant à l'empereur de lui gagner la Transylvanie, promettant aux Polonais d'arrêter les desseins du Transylvain Jean Sigismond sur leur couronne, proclamant l'origine roumaine de ses Moldaves et leur posant comme but d'action la possession du Danube et des Carpathes entières, faisant miroiter devant les yeux de ses amis la résurrection de la Grèce, il règnera. Aux Polonais protestants, ses anciens associés, il jurera d'amener la Moldavie à la foi purifiée et, en même temps qu'il établit, avec des Allemands, Sommer, Prudentius, Jonas, une école de latin à Hârlău, à Cotnari, il érige un Polonais, Lusinski, en évêque marié pour les Saxons et les Hongrois, ses sujets, en attendant d'autres fidèles.

6

Mais, après avoir fait de Laski son héritier, après lui avoir donné en gage la forteresse de Hotin, il se brouille avec son principal appui, et reprend ce boulevard du Dniester. Aussitôt dans le petit-fils, par sa mère, d'Étienne-le-Grand, Démètre Wiszniewiecki, un rival lui est suscité, qui, revenu de Moscovie, fort de l'appui de ses Cosaques, veut le trône moldave. Les boïars, attachés à leur ancienne religion, trahissent l'hérétique, tuent ses soldats étrangers et puis l'étreignent dans le château de Suceava.

Il sait se défendre, ce Poliorcète de théorie. Il attend des soldats de Hongrie; il a repris contact avec Laski, qui doit lui arriver à la tête d'une armée. Malheuressement pour lui, les assiégeants ont trouvé un appui chez les Transylvains, qui envoient des capitaines expérimentés. Ses Hongrois s'entendent avec les nouveau-venus. On le mêle à un meurtre qui suscite la révolte des mercenaires appartenant à cette seule nation. Il est forcé de sortir devant le camp de ses ennemis, et il le fait royalement, couvert de pourpre, brillant de pierres précieuses et d'or. Le nouveau prince, Étienne Tomşa, auquel il déclare soudain se faire moine, riposte: „Toi qui as dépouillé les églises“, et l'assomme de sa masse d'armes; un Tatar lui coupe la tête, bientôt montrée au bout d'une pique.

Le drame était terminé, mais on ne pourrait pas dire assez combien ce contact entre les deux classes dominantes, de la Pologne et de la Moldavie, contribua aux liens étroits qui désormais réunissent les deux aristocraties.

II.

Le principe d'État chez les Roumains

Préciser le caractère principal des États est un des grands devoirs actuels de l'histoire, à une époque où ce n'est pas le vêtement extérieur des constitutions qui peut changer l'organisme séculaire des nations qu'il arrive à recouvrir. Un État restera, quoi qu'on faisse, fidèle à ses origines, et il ne peut être modifié que d'après les lois organiques qui en règlent le développement.

J'emploie le terme d'État sans croire que le sens de la *civitas*, de la *polis* grecque se soit maintenu pendant le moyen-âge. Je doute même que le surrogat livresque, la contrefaçon théorique que nous a donnée la Renaissance soit une de ces formes auxquelles les nations s'intéressent par ce qu'elles ont de plus essentiel et de plus intime. Nous sommes encore à la recherche de l'État de nos réalités modernes, et ce n'est qu'après en avoir trouvé la formule qu'on pourra considérer close l'époque de ces révolutions qui ne démontrent que le manque d'équilibre dans les couches profondes de la société contemporaine.

L'État roumain le plus rapproché de la Pologne

est la Moldavie, que les écrivains polonais nommaient cependant Valachie d'après le nom de la nation (Valaques-Roumains), alors que le nom donné à leurs conationaux du Sud, est, d'après le terme même de Moldaves, Multany. Cette Moldavie, dont le prince s'intitulait „prince roumain de Moldavie“, d'après la rivière de la Moldova, sur laquelle était sise la première capitale, est un peu plus nouvelle que la Valachie, le premier de ces États ayant été formé en 1360, l'autre déjà vers 1300.

Entre la Moldavie et la Valachie il y a des différences qui s'expliquent par le caractère différent de leur fondation. En Moldavie on voit de forts châteaux, de puissantes citadelles, des églises de village en pierre, munies d'une forte tour, de belles habitations d'anciens boïars, des groupes de maisons paysannes garnissant les coteaux, des habitants dont l'allure est celle d'anciens guerriers, qui s'appuient sur leur simple bâton comme jadis sur une lance de combat. En Valachie, la forteresse était en terre et en verges entrelacées, l'église, recouverte de fresques multicolores à l'extérieur aussi, montre souvent par son inscription que des gens du peuple l'ont bâtie; la „cour“ du seigneur est ordinairement un simple abri de campagne; le village lui-même se cachait dans la forêt ou s'enfonçait au fond d'une vallée.

Car la Moldavie s'est formée par une concentration forcée, de l'extérieur. par ce Voévode, ce „comte“ roumain du Maramuraş, partagé aujourd'hui avec la Tchécoslovaquie, qui conduisait des compagnons nobles, en quête d'aventures. Les successeurs de Bogdan s'appuyèrent sur les citadelles pour défendre le pays, bientôt réuni entre leurs mains, contre l'é-

tranger; ce pays fut distribué en *ţinuturi, tenuta,*
dépendances des châteaux. En Valachie, au contraire,
il y eut une oeuvre de cristallisation spontanée des
éléments paysans, d'un côté et de l'autre de la rivière
de l'Olt; le prince d'Argeş dans la montagne ne
venait pas de Transylvanie, ainsi qu'on l'a cru trop
longtemps: c'est au contraire vers la Transylvanie
aussi que tendait son ambition. Les districts de forme
archaïque, bizarre, s'appellent *judeţe,* „judicatures", de
jude, judex, juge.

Cette différence s'explique par les proportions différentes dans lesquelles se sont mêlés les deux éléments dont est sorti l'État chez les Roumains.

Le premier est le souvenir de l'Empire laissé par
Rome à ses anciens citoyens émigrés en ruraux de
l'Italie même ou bien aux Daces, des Thraces, les indigènes qu'elle avait fini par dénationaliser. La gran-
diose création politique qui avait hérité des anciennes
royautés asiatiques et qui avait assuré au monde fa-
tigué jusqu'aux dernières limites de la patience humaine la „paix romaine", le plus grand bienfait dont
eût joui jamais l'humanité ne pouvait pas disparaître
des âmes. Or c'est par les âmes qu'est dirigée l'histoire, par l'interprétation populaire des formes et
des formules.

Il y eut donc chez les Roumains une perpétuation
naïve de l'idée impériale. Le prince n'est pas un
prince, ni, malgré le slavon de chancellerie, un Voévode, terme dont le peuple a fait *Vodă* (mais le fé-
minin reste *Voevodeasă).* Il est *domn, dominus,* d'at-
tributions impériales, et c'est impérialement qu'il règne,
dmneşte, pendant sa „domination", *domnie.*

Aussi il a seul le droit de frapper monnaie, d'accorder des privilèges. Il est juge suprême. Le droit de vie et de mort ne lui est jamais contesté.

Quand les Turcs seront les maîtres de fait, le Roumain saura qu'il y a à Constantinople un Empereur, comme le Tzar des Slaves, un Empereur qui est malheureusement païen. Lorsqu'une partie de la race sera sous l'Autriche et la Russie, on admettra dans la conscience populaire ce régime parce qu'il est impérial.

Mais il y a aussi, pour empêcher en pays libre la tyrannie, une autre élément.

Abandonnés par Rome, les provinciaux pouvaient choisir une domination royale barbare dont ils prenaient le nom, leur pays devenant une France, une Lombardie en Occident, une Avarie, une Slavinie en Orient. Ou bien ils s'organisaient spontanément, villages et villes ensemble, en territoires de liberté, en *Romanies* (comme autour de Rome, jadis du côté de Sirmium aussi), habitées par des *Romanici*, les Roumanches des Alpes suisses, ou par des *Români*, les *Români* ou *Roumains*.

Dans la „Romanie", la „terre romaine" *(Tara-Românească* fut le titre de l'État valaque), il y a l'autorité de l'évêque, qui se maintient autant que dure la ville. Puis celle du *juge*, comme en Sardaigne, en Suisse, à Rome même. Enfin pour la guerre l'autorité du duc (pour les Slaves et les Roumains le Voévode), comme à Venise, dans l'Italie méridionale, sur le Danube, dans les Carpathes.

Le prince est un juge pendant la paix. Il traverse le pays, malgré l'existence d'un capitale (Argeș, Câmpulung, Târgoviște, Bucarest pour la Valachie; Baia

Siretiu, Suceava, Jassy pour la Moldavie) et juge. Il juge le matin et l'après-midi. Le baron de Fourquevaulx a vu, après 1570, Pierre-le-Boiteux, prince de Moldavie, juger en plein champ, sous une „frescade", les simples paysans, venant directement à lui, et au XVIII-e siècle le comte d'Hauterive admire la dignité toute romaine avec laquelle le paysan, venu du village autonome, parle au prince qu'il qualifie de: „Tu, Doamne".

Formés au XIV-e siècle sur une base territoriale car ce qui intéresse n'est pas la bande comme chez les Magyars, mais la „terre", *țara*, bornés à une seule nation, sans ambition de royauté ou de tzarat, les États roumains représentent par ces deux éléments une *démocratie rurale* gouvernée par une *autorité de caractère impérial*.

III.

La crise polonaise et les Roumains

A quelle époque commence la crise polonaise?

Si on la fait partir de la fin des Piastes, on peu dire que les princes de Moldavie, surtout, et de Valachie, qui, dépendant des Turcs, n'avaient plus leur ancien pouvoir et ne s'appuyaient pas non plus sur une conscience populaire, furent, lors des élections de Henri de France, d'Étienne Báthory et de Sigismond Vasa, des informateurs sympathiques, renseignant l'ignorance et la convoitise ottomane. Ils ne cherchèrent pas, malgré le souvenir des droits sur la Pocutie, à profiter des déchirements et des troubles. Si l'un d'entre eux, Pierre-le-Boiteux, Moldave, eut la vaine espérance d'être élu lui-même en Pologne, son ambition s'explique par le sentiment de son insuffisance même, la noblesse polonaise, ou avide de dominer, se cherchant des rois-„soliveaux".

Après l'époque du rokosz, en Pologne, de l'aventure en Moldavie, où se livrent des combats acharnés pour le trône, avec l'aide mômo dos parents polonais, la question polonaise se pose de nouveau sous Jean Casimir, attaqué par les Suédois, les Transylvains, les Tatars. Une nouvelles Dacie s'était formée de fait dans les Carpathes par l'alliance permanente entre la Transylvanie dominatrice, la Moldavie et la Valachie, et les princes d'en deçà des Carpathes devront soutenir l'aventure polonaise de Georges Rákóczy II, dont l'armée fut faite prisonnière par les Tatars. Les deux expièrent perdant leu s trônes.

Une troisième fois, après les grands jours de Sobieski, la couronne de Pologne, sinon encore son territoire, est un objet de dispute. A cette époque la jeunesse moldave, les nobles de naissance moins illustre, ne pouvant pas combattre sous leur drapeau, suivent ceux de la Pologne, de la Suède de Charles XII, de la Moscovie de Pierre-le-Grand. Le héros suédois fut pour les Roumains un „lion invincible", et un des capitaines de cette nation, prisonnier des Russes, s'enfuit de Sibérie pour demander en Suède qu'on lui permette de revenir dans un pays d'églises orientales et de stricts carêmes. Pierre-le-Grand eut le dévouement du prince moldave Démétrius Cantemir, qui espérait de lui la reconquête du Danube et du Dniester inférieur, l'établissement d'une dynastie, l'indépendance. Mais le prince de Valachie Constantin Brâncoveanu fut pour le Tzar un sage „Judas", ne donnant ni soldats, ni provisions. Après la défaite de Stănileşti ou de Fălciiu, les boïars qui suivent Cantemir en Russie trouveront sous le *Herr allzu starker Disziplin*, dont parle un rapport saxon-polonais, un manque de lumières et un esclavage qui les dégoûtèrent et les firent risquer tout pour revenir chez eux.

Il en fut autrement des Polonais de Stanislas Leszczynski, le roi soutenu par Charles XII. Jusqu'au „kalabalyk", son départ forcé, après une lutte formelle avec les Tatars et les janissaires, Charles fut entouré des courtisans polonais de sa fortune dé-

14

chue, ainsi que des Cosaques de Mazeppa et d'Orlik.
De ces relations, bonnes ou mauvaises, résulta pour
le contact entre les deux nations ce qui était résulté du
bref règne, au XVI-e siècle, de l'Héraclide Despote.

Après 1760 commence cependant la grande crise
des partages de la Pologne.

A cette époque la Moscovie pénétrait entre le
Dniéper et le Dniester, coupant la possibilité de cette
communauté de vie entre Polonais et Roumains qu'on
trouve auparavant, lorsque Miron Costin, chroniqueur
roumain et latin, poète polonais, avait tout un parti
ami de la Pologne autour de lui. Mais à Varsovie,
fière de son Versailles d'emprunt, comme dans les
modestes capitales de Jassy et de Bucarest. il y avait
le même esprit de la „philosophie" française. Des
Italiens remplisaient les mêmes fonctions diplomatiques dans les deux pays: un Nagni un Leonardi,
un Giuliani chez les Moldaves, à côté des Français de
deux frontières, les Linchoult, les de la Roche, les de
Mille (Millo). Un Imbault de Manthay fut staroste de
Cernăuţi. sur la frontière. En outre les rapports économiques étaient fréquents: foire de Mohilău, possessions
de la châtelaine de Cracovie en terre moldave, voyage
des gens de Kamieniec-Podolski à Chilia et Ismail sur
le Danube inférieur pour y chercher du poisson, achats
de chevaux moldaves pour la cavalerie royale dans
ce pays de prairies admirables, Arméniens de Pologne
nourrissant pendant l'hiver le bétail, qu'ils devaient
vendre au printemps, sur cette même terre bénie.

Et voici que la confédération de Bar se forme.
Potocki, Krasinski passent en Moldavie; les gens de
Branecki, au lieu de les poursuivre, s'unissent à eux.

L'officier russe des frontières, un Allemand, Weismann, viole la frontière et l'annonce au prince moldave. Celui-ci, le prince Grégoire Callimachi, qui sera bientôt décapité à Constantinople, ne livre pas les réfugiés. C'est un homme cultivé, qui fait venir de Pologne des verres d'optique, des cartes et y demande pour son père le *Theatrum Europeum* et l'*Encyclopédie*. Krasinski peut répondre qu'il fera jusqu'au bout son devoir patriotique.

Trente ans après, Alexandre, frère de Grégoire, régnait en Moldavie. La Pologne avait sa constitution de 1791 à défendre. En 1795 Oginski, Denisko, un jeune Iablonowski forment un groupe de révolutionnaires en Moldavie, s'entendant avec les Jacobins français et leur agent à Constantinople, Descorches. Malgré l'intervention pressante de l'Autriche, le prince ne se refuse pas au devoir d'hospitalité.

Ce devait être comme une préface à l'appui donné par les Roumains à tous les émigrés polonais des révolutions du XIX-e siècle. Protégés pendant quelque temps par le prince de la Roumanie unie, employés de la ligne ferrée Lemberg-Cernăuți-Iassy, je les ai connus pendant mon enfance à Botoșani, en Moldavie supérieure, accueillis comme des frères. Il y avait des confiseurs, des horlogers, le bon médecin Isak, ami de mon père et rassemblant les souvenirs paternels pour me les donner, le professeur Tokarzki, revenu d'Égypte, où il avait été médecin : encyclopédiste fort en histoire, en latin, en français, en physique et en chimie. J'avais des colègues polonais, Mierzwinski, Dobzanski, et ce dernier, demeurant sous notre toit, me racontait sur les crimes de la Révolution française des choses qui faisaient frémir sous les couvertures mon enfance timide.

Pour connaître par un témoignage direct la sympathie et le clairvoyance des Phanariotes roumains, de sang mêlé, à l'égard de la crise polonaise, dès le début, voici les déclarations de Pierre Iéraki, fils, d'une princesse Duca:

Il commence par recommander à la Pologne d'„augmenter ses forces dans ces conjonctures-ci et de les mettre sur un pied redoutable". C'est ce que recommandait le roi Carol de Roumanie à son neveu de Belgique à l'égard de l'Allemagne wilhelmienne.

Le 21 mars 1763 le même écrit: „Le repos de la Pologne influe trop sur le nôtre pour qu'on pût le voir troublé de sang-froid et sans y apporter les remèdes de votre part auxquels la sagesse des traités a son pouvoir".

Le 18 avril: „Voilà donc cette puissante république, si jalouse jadis de sa liberté, devenue en quelque sorte l'esclave de ses voisins les plus audacieux, et cela pour n'avoir pas le courage de mettre en œuvre les moyens qu'elle a, sans contredit, de se faire respecter au loin: état fatal d'indolence qui va, peut-être, accélérer sa chute".

Le 27 juin: „Hélas, que cet État est à plaindre!... Une nation tout à la fois libre et puissante et qui ne semble souffrir que parce qu'elle le veut".

Le 18 juillet: „Nos principaux (les Turcs) sont si éloignés d'avoir de l'indifférence pour tout ce qui peut être relatif aux intérêts de la Pologne, que je ne sache s'ils veillent plus aux leurs propres qu'à ceux de cet État républican, qui en seront probablement à jamais inséparables".

Le 2 août: „Les Puissances voisines ne sauraient guère voir avec indifférence la crise de cet État libre: il leur importe trop de s'opposer à l'agrandissement d'un État déjà trop formidable, pour ne pas prendre des mesures que leur propre sûreté exige: puissent-elles êtres éclairées à temps sur leurs véritables intérêts!".

Le 20 août: „Il serait à souhaiter que l'on fût [convaincu] par toutes nos contrées aussi de la nécessité d'obvier au mal qui menace la Pologne; l'on s'y presserait plus qu'on ne le fait de prendre des mesures qui, prises plus tard, pourront bien ne servir à rien. Mais qu'y faire! *Il nous est permis d'insinuer, mais non de déterminer.*"

Ne pouvant pas „déterminer" nous avons perdu, comme une conséquence de la perte de la Pologne, lâchant l'avalanche russe sur l'Europe qui a vécu sous sa terreur pendant tout le XIX-e siècle, la Bucovine en 1775, en 1812, lorsqu'Alexandre I-er prenait ses mesures contre Napoléon, prôneur d'une Pologne reconstituée, la Bessarabie.

Ces terres nous les avons regagnées juste au moment où la Pologne ressuscitait.

De cette coïncidence comme de tout ce passé, un enseignement me paraît ressortir: qu'il ne nous faut pas attendre qu'à l'heure du danger nous implorions chacun séparément un secours d'ailleurs, mais que nous nous soutenions assez pour être toujours préparés et n'avoir besoin d'aucun secours à la onzième heure.

IV.

Poésie populaire roumaine

Il y a eu, après le XVIII-e siècle, qui s'inspirait d'une antiquité de mauvais aloi, mêlée de sentimentalité contemporaine grimaçante, un moment où les âmes mystiques des promoteurs nationaux ont cru reconnaître dans la poésie populaire la source éternelle de toute vraie beauté littéraire. Sur les traces de Herder faisant parler les „voix des nations“, des penseurs confiants ont imaginé la nation produisant d'une façon spontanée et mystérieuse sa littérature, sa chanson à elle, capable de durer sans terme et d'influencer essentiellement toute manifestation de l'esprit des clases cultivées.

C'était une erreur; c'en est une autre aujourd'hui que de dénier l'existence même d'une littérature vraiment populaire. Sans aucun doute, un seul être humain a créé la chanson, mais il n'était qu'un exemplaire de sa „généralité“ nationale et, si la nation a conservé, a ajouté, a actualisé sans cesse ce produit d'une inspiration qu'elle reconnaissait lui appartenir, cette chanson est à elle, bien à elle.

C'est dans ce sens que je définis et j'apprécie la poésie populaire de ma nation.

Elle se distribue naturellement en deux grands groupes, et le critérium que j'adopte pour cette division est celui des conditions dans lesquelles est née telle ou telle variété de cette littérature.

Il y a une poésie de pure et stricte intimité. Une âme a vibré dans la solitude, et elle a parlé dans cette langue, elle a chanté dans ce rythme qui avait passé dans le patrimoine de toute le monde. C'est l'amour et la douleur qui l'ont inspirée. Des sentiments dont le premier seul, aux heures du triomphe, à celle de la séparation, peut admettre deux voix qui se réunissent dans la même expression, deux courants de sentiment qui s'entrechoquent ou se confondent.

Le caractère de cette poésie individuelle, discrète, qu'on recueille très difficilement, dans le moment où tout un chœur ose la dire ou dans ceux qu'un intime, admis dans la vie même du peuple, arrive à surprendre et à noter sans en avoir l'air, réside, formellement, dans l'invocation des éléments de la nature végétale, de la feuille, de la fleur, de l'arbre qui existent où n'existent pas. Et, quant au fond, dans un mélange incessant des aspects de la nature entière, des étoiles éternelles au merle qui chante sur la branche, et des mouvements variés de l'âme humaine, les poètes vivant dans le sentiment, que par excès de théories nous avons malheuresement perdu, de l'unité élémentaire de tout ce qui est.

En voici des exemples. L'homme chante habituellement, mais à la fin nous donnons aussi des chansons de femme, d'un caractère tant soit peu différent:

Si je savais que tu, viendrais,
Tout le sentier je nettoierais
D'herbes folles et de mauve fleurie,
Pour que tu viennes, chérie, plus tôt.
Mais le sentier n'est nettoyé
Et le jardin n'est encerclé
Ni de verges ni d'autre enceinte,
Sauf de mauvais propos ennemis.

*

Mon cœur me demande maintes fois
Si j'ai un désir d'amour.
Feuille verte d'herbe dorée,
Comment ne serait-ce pas ?
Car, vois, la montagne elle-même
A encore désir au cœur,
Pour la lune et la nuée,
Pour l'herbe et la feuille du bois
Et pour un petit oiseau.

*

Si vivrais, combien vivrais,
Je n'aimerais jamais un clerc.
Quand le temps d'aimer arrive,
Il reste chez lui, lit toujours,
Quand je désire l'embrasser,
Il reste chez lui et écrit.

*

Mon chéri, ô ma lumière,
Un chant me vient sur les lèvres.
— Chante, que ta lèvre je morde.
— Rosier, ô rose sur ma fenêtre,
Je te prie de retourner,

Car ce soir n'est pas pour nous.
Ne viens pas demain au soir,
Car l'ennemi sort sur le seuil ;
Mais viens mercredi au soir,
Car l'ennemi dort comme un mort.

*

A l'ombre du bleu lilas,
Les amours que font-ils donc ?
Ils s'embrassent et en défaillent
Dans le vallon à la source,
Les désirs d'amour se trouvent :
Ils s'embrassent jusqu'à la mort.

Jadis tu me demandais
Qui au monde arriverait
A séparer nos amours ?
La colline elle s'est trouvée :
Elle nous a bien séparés,
La colline et ses ruisseaux,
Le ciel et ses mille étoiles,
Les hommes aux mauvais propos.
Entre moi et entre toi
Un pays entier s'allonge,
Entre ta vie et ma vie
Un rideau humain s'est mis.

*

Au-dessus de ma maison
Passe une nuée d'hirondelles :
Ne sont pas des hirondelles
Ce sont mes anciennes amours,
Que j'ai aimées dans le temps,
Au bon temps de ma jeunesse.

*

Oiselet, change ton nid
Où passe la charrue du gars,
Oiselet, change ta demeure
Où il fauche l'herbe haute du près.

*

Si tu passe, chéris, chez nous,
Mets des cloches au cou des boeufs
Au fouet un brin de soie,
Sur les six boeufs clique-le.
Que je puisse de ma maison
M'égayer de sa chanson.

*

Mon chéri, ô mon chéri,
Ne m'envoie pas ta pensée
Par la bouche de tout passant,
Car je n'ai temps de l'aimer.
Un peu moins si tu m'envoie,
Viens toi-même et porte-le-moi.

*

Feuille verte petite feuille,
On parle tant sur mon compte,
Laisse-les faire :
Ne me choit,
Car mon chéri est allé,
Est allé faucher le pré.
Que sa faux en soit rompue
Et qu'il prenne une autre faux
Pour faucher étoiles aux cieux !
Qu'elle se brise en fragments
Et que dans mes bras il vienne !

*

Feuille verte de trèfle rose,
Chéri, quand tu passes vers nous,
Ne nous regarde pas tout droit,
Car j'ai ennemies à foison:
Celles qui sont vers la colline
Me gardent de mauvaises pensées,
Celles qui sont vers la vallée,
Elles vondraient me voir tuée.
Regarde pas dessus le mas,
Car elles nous croiront fâchés,
Et par dessus le jardin,
Car elles nous croiront ennemis.

Tu partis m'abandonnant.
Qui t'a donné le conseil?
— Le conseil la feuille du hêtre,
D'aimer seulement qui me plaît
Et puis la fleur du prunier,
D'aimer et taire mon amour,
Enfin la feuille du noyer,
D'aimer et d'abandonner.

*

Qui aimant abandonne
Que sa maison soit maudite,
Qu'il n'ait ni maison.
Qu'il n'ait ni repas,
Qu'il n'ait pas le cœur joyeux,
Qu'il ait un pas d'écrevisse
Et le calme de l'écureuil
Et le repos du grand vent
Sur la surface de la terre.

*

> Si malade morte je serai,
> Ma pauvre mère, je prierai
> D'ouvrir large la croisée
> Pour te voir à ton passage
> Et calmer ma dure souffrance.

*

C'est encore la femme, qui, torturée par un amour, passe la nuit à compter les heures, les heures qui ne ramènent pas à son gré le jour pacificateur:

> S'il n'y avait yeux et sourcils,
> Il n'y aurait pas de péchés,
> Mais les yeux et les sourcils
> Font les lourds péchés du monde.
> Qui n'a pas dans la vallée
> Le désir d'amour, ne sait,
> Quand la lune fait sa levée,
> Combien la nuit est grande.
> Qui n'a pas dans la prairie
> Le désir d'amour, ne sait,
> La lune quand elle est couchée,
> Combien la nuit est longue.

L'homme pense à ce qu'il donnerait de son travail, à ce qu'il dépenserait de ses forces pour trouver sa bien-aimée, dont il rêve ou qui a paru sur són chemin:

> Pour la belle qui me plaît
> Cinq jours de corvée ferai-je,
> Mais pour celle que je n'aime pas
> Un jour et c'est encore trop.
> Pour ma douce et pure chérie
> Sur le seuil je dormirai,

La tête sur la brique dure :
A quoi peut servir gagner ?

*

Pour yeux noirs comme les mûres
Toutes les forêts je traverse,
Pour des sourcils réunis
Je passe moitié du pays.

Et il définit ainsi sa passion, plus forte que toute
énergie au monde :

Mon désir d'amour qui part
Nnl oiseau ne peut l'atteindre :
Il dépasse le vent plus fort
Comme la foudre et la pensée ;
Quant tu clignes des yeux une fois,
Tout le monde il le traverse,
Quant tu clignes une fois encore,
Il est au-dessus des nues.

Il ose regarder même ailleurs que dans la cour,
sur la balustrade de bois où elle surgit un moment ;
il passerait volontiens le seuil de la porte du voisin
dont la femme — le mariage est moins sacré dans
la chanson que dans la vie elle-même —, avec ses charmes
le tentent :

Voisin, ô mon cher, voisin,
Ne laisse pas
Ta douce femme
Laver la toile au ruisseau,
Car ses pieds sont minces et blancs.
Et, quand ses pieds je le vois,
Je m'arrête comme pour mourir.

Il croit la trouver dans les images passagères qui flottent dans la nuit :

> Est-ce la lune qui brille aux cieux
> Ou bien est-ce ma belle chérie ?
> Est-ce la lune qui passe aux cieux
> Ou ma chérie va au puits ?
> Est-ce la lune qui s'est cachée,
> Ou bien elle qui ne répond ?

Mais tout n'est pas bonheur dans l'amour partagé. Les heures tristes lui arrachent des plaintes comme celle-ci, qui mêle à la douleur de l'amant les souffrances de tout ce qu'il anime de sa pensée :

> Feuille de mûre,
> Qui jamais a vu au monde,
> Qui jamais connut au monde
> Un jardin sans haie autour,
> Un vieillard sans mille chagrins,
> Ou un puits sans ses sentiers,
> Un jeune homme sans ses ennuis
> Et un amour sans remords ?

Mais la grande douleur du gars est celle qui brise son âme au moment où on l'arrache à son village pour en faire dans la froide caserne au règlement sec et dur un soldat de son pays ou de quelque empereur d'usurpation, allemand ou russe :

> Ma chérie, lave les vêtements,
> Car je pars pour la caserne.
> Ne les lave pas comme on lave,
> Lave-les seulement dans les larmes,
> Eesuie-les par tes pensées,

Puis, les mettant dans le tas,
Cherche à me les faire venir
Par le sifflement du vent
Par les courants de la terre.

*

C'est ton sort que je pleure,
Mais mon sort encore plus dur,
Car je vais en terre lontaine,
En terre qui ne peut m'aimer
Et où personne ne connais.
Je mourrais à l'étranger
Sans un cierge près de ma tête,
Sans un pauvre cierge de cire,
Sans un homme de mon pays,
Sans un homme de mon village.

Et la sagesse de l'amant délaissé ou bien celle du vieillard qui pense à ses anciennes amours donne la philosophie des penchants auxquels on ne peut résister :

Je m'en vais au loin, chérie
Mais ne portes plus de fleurs,
Ne t'en orne plus désormais
Et ne prends plus part au jeu.
— Ma chemise blanche on la souillera
Pendant ton absence, chéri,
Mes cheveux les dénouerai
Et pleurerai, ami, sur toi.
— Ma belle, ô ma douce et belle,
Par ta chemise ne me pleures,
Pleure-moi seulement dans ton coeur
Par ton vêtement ne me pleure :
Pleure-moi du fonds de ton âme.

*

> Le désir d'amour vient-il,
> Ne croyez pas chose futile.
> Ayant saisi un jeune homme,
> Il laisse sa charrue aux champs;
> Ayant saisi une jeune femme,
> Elle laisse son métier de toile;
> Ayant saisi une jeune fille,
> Son travail lui choit des mains.

Mais il n'y a pas que la douleur humaine. Toute la nature frissonne, joyeuse, mais surtout mélancolique, comme notre propre âme. Et le poète populaire, rongé lui même par quelque douleur, plaint le sort des arbres qui soupirent sous la cognée. A leur regret de mourir il mêle la tristesse de ceux qui verront les leurs dans la prison qu'on est en train de construire :

> Pourquoi se plaignent tes rameaux,
> O peuplier, sans pluie ni vent?
> Pourquoi tes branches touchent la terre ?
> Comment pourrais-je ne pas le faire ?
> Car trois garçons de Baia Mare
> Ils veulent abattre mon vieux tronc
> Et trois morceaux ils veulent en faire,
> Sur trois chariots les voiturer,
> Les faire descendre à Timişoara
> Et en faire une axe de moulin.

Variante :

> Les pins de la montagne se meuvent
> Se meuvent et ploient leurs durs rameaux.
> Pourquoi vous plaindre donc, ô pins?
> Pourquoi ployer vos durs rameaux

> Avec le vent et sans le vent,
> Touchant la terre de vos cimes?
> Comment ne pas mouvoir nos branches,
> Comment ne pas nous les ployer,
> Lorsque arrivent vos artisans
> Avec des haches et des couteaux
> Et qu'ils entendent couper le tronc
> Et le charger sur trois chariots
> Et le descendre dans la plaine,
> Pour fabriquer petite prison
> Petite prison pour les captifs,
> Pleine de larmes pour leurs fiancées,
> Aux mères pleine de malédictions?

Tout cela rappelle l'Italie, celle du Piémont montagneux, celle de la Calabre, de la Sicile chaudes et souriantes, où le désir de la femme s'élève sincère, provoquant, ou bien sa douleur éclate sans retenue. Là-bas on commence par invoquer la fleur, alors que la feuille roumaine, placée sur les lèvres et penétrée de l'ardeur du souffle, a donné le premier ton de la chanson. Une ressemblance qui n'est pas fortuite, cas c'est, bien avant les légions, les fonctionnaires, les colons de Trajan, que l'émigration purement rurale de l'Italie créa dans les Balcans illyres et thraces cette nation de langue romane.

Mais une autre littérature, une autre chanson s'est formée à certaines occasions seulement, pendant certains actes de la vie sociale.

Il faut une vieille femme sur l'âtre chaud dans les longues nuits de l'hiver pour que, dans une prose au rythme lent et suggestif, passent devant les yeux

des enfants frissonnants les figures légendaires des
contes : beaux chevaliers romantiques, dragons mal-
faisants, fées dominatrices, serpents à âme humaine,
empereurs verts et rouges et bleus.

Il faut la réunion des voisins pour recueillir la
graine du maïs, il faut la „séance", la *şezătoare*, pour
que surgisse la devinette dont voici des spécimens :

> J'ai une écurie pleine de chevaux roux:
> Quand j'introduis la chaîne,
> Elle les retire tous.
>
> (La braise et les pincettes.)

> Mon corps dans la maison
> Et en dehors ma tête.
>
> (Le clou.)

> Quatre frères jumeaux
> Nés embrassés:
> Toujours sont ensemble
> Sous le même *cojoc*.
>
> (La noix.)

> Entrant dans a maison,
> Je la remplis toute;
> Le jour, je me gêne,
> Je vois mieux la nuit.
>
> (La bougie.)

Ou bien l'anecdote qui maltraite la bêtise, surtout
la bêtise de nations que le peuple roumain juge ri-
dicules. Telles ces réponses de Tzigaines, de la femme
qui pleure son mari, de celle qui regrette son fils:

> „Hélas, hélas, comme il me soignait! Comme il man-
geait bien! Qui portera maintenant son bonnet de
laine ?

— Écoute toi : en avait-il ou non.

— Il ne l'avait pas, mais il pensait à s'en acheter un".

"Hélas, hélas. Je le vois déjà aller au Paradis, et S. Pierre lui en donnera les clefs et lui, étant petit, il les perdra et, les ayant perdues, Dieu le battra jusqu'à ce que le diable le prendra, mon pauvre enfant".

Il faut la danse, la *hora* du dimanche, des fêtes, pour que le rythme soit marqué, non seulement par le pied qui frappe la terre, mais aussi par la flèche satirique qu'un malin detache aux filles qui aiment trop, à celles qui négligent la maison ou même leur propre personne, aux rivaux de toutes catégories.

Il faut le passage des troupeaux transhumants pour que le pâtre, qui traverse tout le territoire national et va se perdre dans la steppe russe, jusqu'en Crimée, jusqu'au Caucase, raconte en vers les souffrances de ses migrations, les douleurs de ses combats.

Il faut l'heure où devant le feu rouge, attisé de branches mortes, on rôtit l'agneau volé pour que le *haïdouc*, le brigand romantique, un peu social et même national, du XVIII e siècle fasse entendre la chanson de ses exploits contre l'étranger, contre l'agent fiscal, le *ciocoiu*, contre le marchand et contre le riche:

> Corbeau, corbeau, dis-moi donc
> Que veux tu ?
> As-tu faim ?
> Tiens des fruits.
> As-tu soif ?
> Éteins-la.
> — Je n'ai ni faim, n'ai ni soif,
> Je rêve du bois reverdi:

> Pour manger la chair du Turc,
> Pour boire le sang du brigand...

*

> Par le Murăş par la Tisa,
> Il y a jeune femme attristée,
> Des larmes sur son blanc visage.
> Elle se lamentait sans cesse:
> Son petit enfant pleurait
> Et on entendait ses pleurs.
> Et voici surgir bientôt
> Douze brigands de la forêt,
> Le capitaine parmi eux.
>   Il se tournait
>   Et disait:
> — O jeune femme, douce jeune femme,
> Jette l'enfant au coin et viens,
> Suis-nous dans la grande forêt.
> — L'enfant ne le jetterai mie,
> Mais, si vous nous délivrez,
> Je suivrai vos pas aussi,
> Portant l'enfant dans les monts.
> — Eh bien nous vous conduirons.

Et il a fallu la splendeur des festins princiers où se lèvent les coupes d'argent et de cristal à la „santé de Dieu" et de „Sa Majesté", pour que, d'après l'exemple des rhapsodes serbes, portant la chanson de Kossovo jusqu'en Pologne, on célèbre les aventures et les victoires des „dominateurs" à caractère impérial du pays.

Il faut l'heure du mariage, lorsque le fiancé, le *mire*, arrive entouré des camarades de sa jeunesse, à cheval, au milieu des cris de joie, pour que ses „ambassadeurs“ présentent en vrais chevaliers de la *cavalleria rusticana* leur message:

> Nous sommes partis,
> Nous sommes venus
> Sur la surface de la terre
> Et par les vapeurs du vent,
> Buvant et criant,
> Au son des pistolets,
> Forçant nos chevaux,
> Qui respirent des flammes
> Et qui hennissent,
> Tirant des éclairs des pierres.
> Nous arrivâmes
> Et vous trouvâmes.
> La petite fleur nous la donnerez.
> Sinon n'échapperez pas,
> Car avons des leviers d'argent
> Pour la tirer de la terre,
> Avec toutes ses racines.
> Pour le jardin impérial:
> Qu'elle y fleurisse
> Porte des fruits,
> Que la place lui plaise
> Et jamais ne flétrisse.
> Si, ô futur beau-père,
> Croyez que sommes brigands,
> Voici un charte scellée
> De l'empereur.
> Qui sait lire le latin
> Qu'il vienne et, la lise,
> Qui ne sait pas
> Ne vienne pas!

Mais prenez bien soin
De nous l'amener !
Que viennent des clercs,
Un prêtre à grande barbe
Pour lire notre charte,
Mais pas à barbe teinte,
Que la charte reste non-lue,
Ou à barbe trop rare,
Pour tarder jusqu'au soir,
Mais à la barbe fine
Pour finir jusqu'au soir.
Notre réponse est:
Donnez six verres de vin,
Six mouchoirs de bon lin,
Qu'on trouve ici
Ornés de fleurs rouges,
Même ruinés,
Mais de bonne volonté.
Que la soie s'y mêle,
Mais qu'ils viennent d'ici,
De l'honorable fiancée,
Et pas de ses voisines
Pour qu'on se moque d'elle,
Car l'honneur nous restera
Et l'injure à vous.

* *

Cette poésie ne prétend pas être supérieure à n'importe quelle autre; elle ne réclame pas une originalité, difficile à prouver lorsque partout l'âme humaine manifeste de la même façon les sentiments primordiaux et les idées essentielles. Mais, telle qu'elle est, simple, sincère et variée, elle a rendu à la littérature cultivée et à la nation un très grand service.

Tout mouvement littéraire qui restreint volontairement le cercle de ceux auxquels il se destine finit par le cénacle, par la confrérie professionnelle. Comme les autres littératures, celle des Roumains a eu, par l'égoïsme et le manque de sens réel des classes dominantes, ses moments de crise. Alors voici que tel poète du XVIII-e siècle, traducteur de Pope, imitateur de Delille, Conachi, note à la campagne des vers de cette poésie du peuple dont Burns faisait un objet d'éternelle admiration. Dans les salons romantiques aux jeunes filles vêtues de bleu pâle qui jouent du clavecin ou touchent les cordes de la harpe dorée sous les candélabres à pendeloques de cristal, Alecsandri apporte une muse populaire, assez chaussée, peignée et fardée pour plaire à ces nobles personnes. Mais bientôt un plus grand poète, Eminescu, la prendra telle qu'elle, et toute son âme sera rénovée et fructifiée de cet amour.

Aujourd'hui on communie, du prince au dernier paysan, dans la même langue littéraire et on peut vibrer au son des mêmes vers. Peut-être est-ce une des raisons pour lesquelles sur les bords du Séreth, arrêtant les légions teutoniques de Mackensen, cette solidarité morale a pu créer un pays d'une parfaite unité de pensée, de sentiment et d'expression.

V

Croisade latine et byzantine dans le Sud-Est de l'Europe

Le sens de l'idée de la croisade a été généralement mal compris et ses limites tracées d'une façon plus étroite. Comme pour toutes les conceptions dominantes du moyen-âge on a été influencé par des idées modernes qui ne pouvaient avoir aucune signification à cette époque.

Le moyen-âge est l'Ecclesia Christi des monnaies de Charlemagne, la longue période de ce „Christus regnat" qui figure sur les monnaies byzantines, en latin, jusqu'à l'âge des Comnènes. Et ses premières manifestations d'un caractère général ne peuvent être donc que les actions conquérantes de cette Église, les actes du grand drame de l'*Ecclesia militans*.

C'est pour cette mission que, à côté d'une royauté franque, qui s'est montrée indestructible sur ses bases matérielles, naturelles et solides, a été créé par le Pape l'empire nouveau. Pas, bien entendu, pour la papauté elle-même, conçue en 800 comme pouvoir distinct ; ce ne fut pas un calcul politique qui présida à cette restauration, qui était de fait une innovation. Spontanément la société universelle, considérée comme une Église, comme une manifestation terrestre du Christ immortel, a produit l'organe qui devait la compléter, l'intégrer, en détruisant toute opposition à son essence, schisme ou hérésie, divergents ou infidèles.

Mais les Carolingiens se montraient incapables d'accomplir leur tâche. Ils poursuivirent des buts particuliers d'une façon égoïste, se retournant contre l'autorité qui leur avait confié la croix de la guerre pour l',,Église". Après deux cents ans du couronnement de cet empereur sans caractère national qui avait été Charles, dont le pouvoir avait pénétré jusqu'aux lisières des pays slaves qui formèrent plus tard la Bohême, la Pologne, alors que par ses bourgs il consolidait la Pannonie et laissait dans l'Europe orientale et balcanique la tradition des krals, le Saint Siège, Sylvestre II, jadis l'érudit moine et évêque Gerbert, attribuat la mission de croisade à un prince de bien moindre allure, le duc Wajk des Magyars à peine établis par tribus sur une terre conquise et en fit le roi Étienne, devenu pour l'Église entière un saint.

Cette royauté de croisade est une royauté missionnaire. Elle n'a rien de national dans son essence, rien de précis dans ses bornes, rien d'organique dans ses établissements. Elle peut s'étendre, plus tard, avec le concours des dominicains, des franciscains, jusqu'aux dernières limites de l'orthodoxie grecque, de la païennie de toute espèce.

C'est pourquoi les successeurs de Wajk-Étienne pourront porter les titres, d'un sens tout particulier, des provinces de Bosnie, de Serbie, de Bulgarie, du pays valaque, c'est-à-dire de la ,,Roumanie" entière. Chaque pas fait pour le catholicisme est un progrès dans l'oeuvre toute spéciale confiée au roi ,,catholique".

A côté il peut y avoir la royauté nationale. Elle

surgit d'abord pour tout le monde slave, *resté* slave, qui borde au Nord le courant de croisade territorialisée. La Bohême sub-germanique christianise les plaines de la Pologne ; avec un roi d'une légitimité contestable, mais d'une réalité d'autant plus puissante, la nouvelle Pologne tend à s'intégrer par la Bohême. A la fin deux nations donnent deux couronnes, parce que c'est naturel, non parce que dans la conception du moyen-âge ç'aurait été légi ime.

Mais une autre idée de croisade devait animer cet Empire romain d'Orient devenu Byzance. L'héritage de Constantin, tout plein de tradition romaine, était en même temps essentiellement religieux. La croix byzantine n'était pas moins que l'autre un instrument de conquête, une arme. Toute l'action des armées constantinopolitaines est dominée comme celle des levées en masse carolingiennes par cette même idée : qu'il faut donner à choisir aux *gentes* entre la conversion et la destruction. L'action d'un Héraclius n'a rien d'individuel ; le sens de la politique byzantine s'exprime dans cette revanche contre la Perse païenne, avec laquelle il peut y avoir des trêves, mais jamais une vraie réconciliation, une situation d'équilibre défin tif. Par dessus trois siècles elle se rattache à la croisade d'un Nicéphore Phocas et d'un Jean Tzimiskès.

Après encore trois siècles, sous les Paléologues rétablis à Constantinople „profanée" par les Latins de l'empire d'une *autre* croisade, les deux croix s'affrontant avec inimitié, l'Empire qui, lui, ne rend compte de son action à aucun pouvoir supérieur, car il est Église et État en même temps, doit abdiquer sa mission. Mais Byzance n'est ni un territoire, ni une nation, ni même une forme politique. Ses manifestations sont multiples et capables d'être transplantées dans n'importe quelle autre société. C'est une façon d'être, un produit historique, un ferment d'action, et non une formule localisée et nationalisée. Il est donc possible à l'Église œcumenique de reprendre le rôle que l'Empire avait abandonné.

Aussi jamais ce Siège patriarcal n'a-t-il été plus actif qu'en ces XIV-e et XV-e siècles qui virent la complète déchéance des empereurs envahis dans les Balcans par les Serbes et les Bulgares, réduits à donner leurs filles, à confier leurs fils en ôtage aux Turcs qui les assiégent. Le byzantinisme de l'autre hiérarchie agit sur tous les points ; il commande à Halitsch et intrigue à Kiev, il donne au prince, nouveau, de Valachie, qui voulait un archevêque, un métropolite, un simple e-xarque, délégué de sa puissance universelle ; il empêche pendant longtemps l'autre prince, moldave, d'avoir un chef religieux de sa race ; il plante la croix du patriarcat sur cette église de Peri au Nord de la Transylvanie, dans le Maramurăş, laquelle sera, en tant que stauropygie, la résidence d'un autre exarque.

Jusqu'à ce moment, la Russie, la vraie Russie, de Kiev, n'est qu'une annexe quelconque du byzantinisme qui, sous le sceptre de princes scandinaves d'aventure, eux-mêmes imprégnés par les Varègues de l'esprit byzantin, s'est installé avec tous ses caractères distinctifs, église de Sainte Sophie, monnaie byzantine, boïars balcaniques, sur les bords du Dniéper. Ce n'est pas un État de croisade, car il n'entreprendra rien contre les hordes petschénègues, qui détiennent même les routes ; ce n'est pas un État national non plus, car Sviatoslav se laissera d'abord engager comme un simple mercenaire par Byzance en lutte avec les Bulgares du „premier empire", puis il aura l'ambition de se substituer, à Silistrie, aux vaincus, comme vassal, comme „philos" des mêmes Byzantins, qui finissent par le chasser et le livrer aux hordes de la steppe. Elle reste jusqu'à sa dissolution et la conquête par les Tatars, représentants victorieux de ces mêmes hordes turques, en marge des courants généraux de l'époque, de la croisade byzantine.

Lorsque le patriarcat lui-même vivra, sous les Turcs établis à Constantinople, comme une simple forme politique et religieuse pour la grécité soumise, comme un „exarque" chrétien de l'empereur infidèle, Byzance s'échappe de Constantinople, sauf ce qu'elle laisse dans le misérable nid d'intrigues du Phanar, pour resplendir d'une lumière réduite, mais visible de loin, jusqu'en Géorgie et en Syrie, dans les pays roumains. Les Bulgares et les Serbes ne sont pas autant des successeurs que des imitateurs de la Byzance constantinopolitaine, car leurs États coexistent avec l'Empire essentiel, l'Empire originaire, et leur ruine est contemporaine de celle de cet Empire.

Chez les Roumains la tradition byzantine est sans rivale : c'est par les largesses de ces *domni* ayant tous les droits impériaux dans leurs pays que se soutiennent en Orient orthodoxe patriarcats, évêchés et couvents; les prélats qui vivent des munificences danubiennes les considèrent comme des basileis et donnent ce nom à des souverains qui se font représenter dans leurs fondations religieuses couronne en tête ; jusque vers la moitié du XVII-e siècle, c'est le prince roumain le plus puissant, dans ce cas celui de Moldavie, qui nomme et surveille les écuméniques.

Sous ce lourd poids les Roumains arrivent cepen-

dant à ployer. C'est alors que, des espoirs de délivrance politique s'y mêlant, Grecs et Slaves des Balcans dirigent leur premier appel vers la Russie des
grands-ducs, des cnèzes-princes, des Tzars-empereurs
selon la Bible et selon Byzance. Ce n'est donc pas un
État national qui, sous Pierre-le-Grand paraît sur le
Pruth, qui sous Catherine II, sous Alexandre I-er rêve
de Constantinople, employant l'idée byzantine comme un
simple instrument, en attente du panslavisme. C'est
la conscience byzantine, c'est le byzantinisme d'éternelle croisade, c'est la mission du *Christus regnat* qui,
émigrant de pays en pays, touche à peine à Moscou
pour s'installer dans l'improvisation germanique, toute
personnelle, de ce „bourg de Pierre", dirigé d'abord
vers l'Occident et manquant de toute tradition orientale,
où le Tzar à la façon de David est devenu un Impé-
rator de style allemand médiéval.

Or, par tout ce qui vient de se passer chez les Russes
et qui, quel que soit l'avenir de ces immenses étendues,
peuplées de nations diverses, laissera les traces de la
plus hardie des négations, la mission de croisade byzantine est finie en Russie. Byzance devient un élément nécéssaire de toute civilisation humaine. Une
Russie nationale peut paraître, semblable à la Hongrie
nationale d'après la guerre. Elle ne peut rien demander de plus après avoir liquidé un principe qui ne lui
a appartenu jamais, mais, bien au contraire, auquel c'est
elle qui a appartenu, pour s'en libérer enfin. Pour l'histoire c'est logique, pour les voisins de la nation russe
c'est rassurant.

VI

La pénétration germanique sur le Danube inférieur

La première fois que des forces germaniques parurent sur les bords du Danube inférieur e fut pendant ces campagnes répétées de Charlemagne qui amenèrent la destruction de l'État des Avars en Pannonie. Déjà le grand fleuve formait la principale voie de commerce de l'Ouest à l'Est de l'Europe et les chariots des marchands transportaient à côté des barques mentionnées pour le V-e siècle dans la Vie de S. Séverin les produits échangés entre l'Orient et l'Occident. Ce commerce important fut continué sous la domination franque et après sa disparition. Les bandes populaires de la première croisade ne firent que suivre le chemin habituel des transports.

L'Allemagne, les Allemagnes du moyen-âge, prirent part à ce commerce rémunérateur. Des villes comme Regensbourg-Ratisbonne et Augsbourg, continuant des fondations romaines, y participèrent activement, et ce fut l'origine de leur grande prospérité. Mais on ne peut pas parler d'une vraie unité allemande au moins dans ce domaine, car, si cette unité avait existé, l'importance de la pénétration germanique aurait été tout autre sur le Danube inférieur.

Des Italiens entrèrent plus tard sur le fleuve par la

Mer Noire, mais sans avancer plus loin que Licostomo-Chilia. Les Hongrois de la royauté „apostolique" ne surent guère employer à leur profit cette immense artère de communication. Les riverains roumains ou slaves se bornèrent à un très modeste cabotage.

Au moment où les villes reprenaient un grand rôle commercial, surtout de ce côté, les Saxons de Transylvanie prenant sur eux les fonctions d'intermédiaires entre l'Europe centrale et l'Est balcanique, et la royauté angevine descendant pour chercher à Temesvár (Timişoara) une nouvelle capitale, où enfin se fondèrent les États roumains, en Valachie et en Moldavie, les Turcs établissaient leur domination sur les deux rives du fleuve, supprimant la Bulgarie, menaçant la nouvelle Serbie danubienne, écartant les Valaques de la rive gauche. Il y eut dorénavant aux gués que les Saxons durent délaisser, se bornant à une activité plus modeste, des forteresses ottomanes et tout autour un rayon d'exploitation. Le Danube, traversé seulement par des bateaux turcs, en fut paralysé; ses eaux devinrent mortes pour les communications et les entreprises. On ne voyait que les bois. les provisions fournies par les Roumains asservis avancer vers la Mer Noire pour les guerres du Sultan. La portion des bouches dominée par les Moldaves fut occupée aussi au moment où, après la prise de Caffa, les janissaires entrèrent dans Chilia et Moncastro-Cetatea-Albă.

Pendant plus de trois siècles on ne rencontre pas de vaisseau allemand qui s'avance sur ces eaux. Du reste l'Autriche s'était intercalée, État formé, en tant qu'il n'y avait pas la première impulsion, des missionnaires catholiques venant des vallées de la Suisse vers Salzbourg et Passau, par l'importance même du commerce sur le Danube inférieur. Cette possesion des Habsbourg tendit nécessairement vers le Sud-Est de l'Europe, lorsque l'occasion se présenta d'hériter de la royauté magyare de Matthias Corvin. Déjà Maximilian, le *pochi danari* des Italiens, le grand coureur solennel de toutes les routes de l'Europe, poursuivant cet héritage, avait eu des rapports avec Étienne-le-Grand, prince de Moldavie avant la fin du XV-e siècle. Plus tard, après la catastrophe de Mohács, alors qu'un parti des Hongrois élisait le Voévode de Transylvanie, Jean Zápolya, un autre se déclarait pour Ferdinand d'Autriche, frère de Charles Quint. Celui-ci eut donc, avec la Hongrie occidentale du côté d'Ödenburg, la Hongrie septentrionale, avec Presbourg, et la Hongrie méridionale, Croatie et Esclavonie. C'était dominer sur deux points le cours du Danube, mais les Turcs, se saisissant de Bude, eurent son cours moyen, et sur encore un point, le fleuve ne servit guère qu'aux transports militaires, tout commerce étranger étant empêché.

L'influence des Habsbourg, maîtres temporaires de la Transylvanie jusqu'à la victoire définitive de l'instinct national magyar par l'établissement des dynasties des Báthory et des Rákóczy, devait s'étendre sur les pays roumains. Il y eut donc des pactes conclus avec leurs princes, qui prêtèrent le serment à des empereurs et rois. Mais, sauf l'offensive hardie de Michel-le-Brave, conquérant, en 1599, de cette Transylvanie sur André Báthory, mais, aussi, au nom de l'empereur, le Danube reste turc et, autant qu'on n'arrivait pas à regagner d'une façon définitive la rive gauche, toute conquête, toute suzeraineté, toute influence, étant en l'air, restait stérile.

Il en fut autrement lorsque, après la grande offensive

manquée du Vizir Cara-Moustafa sur Vienne, sauvée par Jean Sobieski, qui lui aussi, et pendant longtemps, rêva d'un Danube chrétien, les Autrichiens gagnèrent le Danube pannonien et, par la paix de Carlowitz, s'installèrent en Transylvanie. Bientôt, par celle de Passarowitz, ils obtinrent le Banat et en même temps la Valachie occidentale, l'Olténie, et la Serbie du Nord. L'empereur prenait possession de cette importante partie du cours danubien, et une clause formelle du traité imposait aux Turcs d'admettre les vaisseaux de commerce des Impériaux sur le fleuve.

Mais la paix de Belgrade amena un regrès dans cette pénétration si énergiquement commencée. Il fallut rendre aux Turcs de nouveau victorieux les parties occupées de la Serbie et de la Valachie. La tentative de reprendre trente ans plus tard, à l'occasion d'une guerre russo-turque, l'Olténie échoua.

L'Autriche ne se montra pas capable d'utiliser au moins en sa faveur la clause de la navigation danubienne, de même qu'elle négligea l'idée de rendre navigable l'importante rivière de l'Olt. Cependant dès 1770, plus ou moins en relation avec un accroissement notable des rapports économiques de la Transylvanie avec les pays roumains libres, il y eut des entreprises allemandes sur le Danube, comme celle de la maison Dellazia ou comme le voyage, jusqu'à la ville de Chilia, déchue, de Nicolas-Ernest Kleemann, qui nous en a laissé une large description illustrée.

Voici maintenant que se produit à l'ère napoléonienne, de changements à vue au détriment de toute tradition historique, l'abandon par François I-er de ses droits en Allemagne et la création pour lui et sa dynastie, qui entendaient conserver leur titre impérial, de cet Empire de contrefaçon qui fut l'Autriche, appuyée sur les seuls pays héréditaires. Comme, jadis, les Papes de la fin du XVI-e siècle, qui se refaisaient ou voulaient se refaire en Orient par les Jésuites prédicateurs et diplomates, un Possevino, un Carrillo, des pertes causées par la Réforme en Occident, les Habsbourg dirigent leur ambition vers les Carpathes et le Danube, vers la Péninsule des Balcans. Et ils le feront d'autant plus après que les mouvements révolutionnaires en Italie leur montreront combien est incertaine leur domination à Venise et en Lombardie.

Mais, à une époque de nations en lutte, il leur fallait une idée nationale à arborer sur les mâts de leur vaisseau politique. A une Allemagne aux intérêts divergents, déchirée par les souvenirs de deux révolutions manquées, l'Autriche entreprenante d'un Buol, succédant à celle, préoccupée uniquement de la police européenne, d'un Metternich, offrit un guide qui espérait devenir par ce moyen le maître qu'il avait été.

La guerre de Crimée, dont la responsabilité retombe ordinairement sur la Russie seule, désireuse de faire de son Tzar un Pape aussi pour les orthodoxes soumis au Sultan, fut de fait provoquée par l'espoir des Habsbourg et de leur camarille d'arriver par la Bosnie et l'Herzégovine, révoltées, avec l'appui de la Dalmatie impériale, à cette Constantinople dont depuis Rodolphe II ils avaient espéré faire sous leur sceptre la capitale d'un nouvel Empire latin d'Orient. La mission impérieuse d'un Leiningen ayant réussi, amena la mission grossière d'un Mentschicov, qui échoua. Aussitôt Vienne découvrit ses batteries : elle se proposa comme gardienne des Principautés roumaines pour la Turquie, évitant aussi aux Russes qu'elle chassait un conflit sur ce Danube où depuis longtemps s'étaient gagné un prestige les armées de l'Empereur oriental. On espèrait pouvoir y rester, et c'est pourquoi, en donnant aux Roumains des garnisons italiennes en même temps qu'allemandes, on voulait leur créer des banques et favoriser tout spécialement, avec les Juifs galiciens, la classe des boïars, dont on aurait fait des barons. Déjà un Hongrois avait créé en 1830 sous le drapeau autrichien la première et pendant longtemps l'unique navigation à vapeur sur le Danube et en 1855 on discutait sérieusement l'idée d'éviter l'ascension vers les bouches, encore non déblayées du fleuve en ouvrant un canal de Cernavoda à Kustendsché, la future Constanța.

Contrainte de partir, non sans une longue résistance, l'Autriche employa cependant les sentiments de revanche qui dominaient à l'égard de la Russie l'âme de Napoléon III pour écarter au moins l'autre Empire, qui avait ravi en 1812 à la Moldavie la Bessarabie et qui ensuite avait avancé dans le Delta, jusqu'au bras de Sulina. Ayant voulu rendre d'abord aux Roumains toute la Bessarabie, la diplomatie viennoise en détacha au moins la partie la moins roumaine et la plus intéressante pour les buts autrichiens, ce lambeau mérdional de Cahul, Bolgrad et Ismail, s'arrêtant aux embouchures sans aller jusqu'à Akkerman, qui était en dehors de cet intérêt bien défini.

Le traité de Paris, s'inspirant des clauses de celui de Vienne concernant le Rhin comme si un régime pouvait imiter, dans des conditions de tout point différentes, un autre, avait créé un réglementation du Danube, qui comprenait deux commissions internationales : celle du Delta, qui devait être dégagé, une commission euro-

48

péenne, et celle des riverains. La formation de cette
dernière fut évitée par l'Autriche ; l'autre, avec sa participation, travailla à rendre navigable la bouche de
Sulina. Ce fut un vrai petit État avec son palais à Galatz, avec sa flottille et son drapeau.

Ce n'était pour Vienne qu'un point de départ. Cette
diplomatie, toujours aux aguets, ne put pas empêcher
en 1871 le retour de la flotte de guerre russe dans
la Mer Noire, ni, en 1878, la reprise de la Bessarabie
méridionale et l'établissement de la pleine souveraineté russe sur le bras-de Chilia. Mais aussitôt, à la
conférence de Londres, où on décida de confier à la
Hongrie les travaux techniques à exécuter aux Portes-
de-fer — les Magyars voulurent y établir une domination de fait sur la rive roumaine — et où on é-
tendit les droits de la commission européenne jusqu'à
Brăila, l'Autriche essaya de regagner une prédominance
absolue dans cette commission riveraine. dont l'idée
fut reprise alors. Il fallut un refus irrévocable de la part
de la Roumanie pour annuller les conséquences de cette
décision diplomatique.

Si ces tentatives n'eurent pas plus de succès, c'est
que le rôle qu'avaient joué les Autrichiens pendant la
guerre de Crimée était devenu impossible. L'Allemagne
existait depuis 1871 par et pour elle-même. Battant en
Roumanie l'exportation autrichienne, elle suivait vers un
plus lontain Orient, par dessus ce Danube qui lui était
fermé, la voie de mer s'ouvrant à Constanţa.

Pendant la grande guerre, le Reich espéra avoir le
Danube aussi par son établissement à Giurgiu, par sa
flottille bavaroise, alors qu'en fiche de consolation on
laissait à la faiblesse autrichienne, prouvée pendant
de longues années malgré ses privilèges de navigation,

Severin. Ces projets tombèrent, mais l'Autriche-Hongrie elle-même disparut de la lice, non sans quelque dommage pour la vie économique de ces régions. Le nouveau règlement du Danube donne la Commission danubienne, qui avait oublié de draguer même son bras de Sulina, aux trois principaux alliés, France, Angleterre, Italie, avec une représentance de la Roumanie, souveraine du rivage. Elle prévoit une commission riveraine au vrai sens du mot, avec une participation plus importante des États allemands. Une nouvelle commission siège à Pressbourg, devennue la Bratislava d'un autre État.

Mais tout cela c'est du protocole. Ce ne sera pas l'appui bulgare qui consolidera la nouvelle navigation tchéco-slovaque sur le Danube. Ce n'est pas par quelque compagnies impotentes ou camouflées que les grands alliés influenceront la vie du Danube. Rien ne pourra faire oublier les travaux faits par la Roumanie sur le fleuve, ni empêcher son hégémonie d'exploitation agricole. Car en fin de compte une seule chose, par dessus toutes les conventions, gouverne le monde : les vitalités nationales en plein développement.

VII

Infiltrations et prétentions germaniques en pays roumain

Une théorie bizarre, lancée tout dernièrement par un Roumain écrivant en Allemagne, fait des Roumains les descendants des Gépides, et dans sa préface l'auteur de cette conception n'hésite pas à dire doctoralement que le rôle des Gépides sur le Danube roumain est au moins aussi important que celui des Francs à l'égard des Gallo-Romains. Pour prouver sa thèse il invente un certain nombre d'étymologies géographiques d'un parfait ridicule.

De fait, si les Goths ont séjourné pendant les III-e et IV-e siècle dans le voisinage des groupes de population pré-roumaine, si une de leurs branches, ces Gépides, est restée jusqu'à l'époque byzantine du côté de la Tisa (Theiss), leur camp n'a pas pour le développement de la population, d'origine très ancienne, vivant dans ces régions une importance qui pût être le moins du monde comparable à celle des Francs dans le pays devenu leur Frances, bien que le caractère gallo-romain de la race et de la civilisation dans cette grande région même apparaisse de plus en plus clairement.

On pourrait voir une première poussée germanique dans le Sud-Est roumain de l'Europe dans la conquête de Charlemagne, vainqueur des Avars, maître de la

Pannonie jusqu'à cette Tisa. De fait les *cetăţi (civitates)* des Roumains, les *grads* des Slaves, les *vár* dés Magyars, ces centres de domination sur ces points avancés d'expansion, où l'évêque donne son prestige au chef militaire qui les défend, sont d'origine carolingienne, et il suffirait pour montrer la valeur historique permanente de cette influence de rappeler que chez les Slaves qui n'ont pas un Tzar d'imitation byzantine le roi est un „Charles", un *Kral.*

Mais cet Empire n'est qu'une forme internationale, servie par les Allemands aussi, mais guère fondée pour eux et d'après leurs traditions nationales. Cet État de croisade permanente fut, du reste, remplacé dans cette mission par une nouvelle royauté au service de l'Église, celle des Magyars. L'offensive du Saint Empire se dirigea dorénavant sur les bords de la Baltique et au-delà de l'Elbe, essayant de maintenir dans l'humble fonction de fiefs sub-germaniques les pays slaves, Bohême et Pologne, dont les chefs ceignirent bientôt la couronne royale.

Mais dès le XI-e siècle l'avance vers l'Orient se prononce dans les masses germaniques elles-mêmes, et cette fois c'est bien un courant national qui se produit.

La croisade, celle qu'on appelle ordinairement de ce nom, n'est pas une oeuvre du Pape: on lui en a fait mérite plus tard sans des écrits destinés à gagner les esprits pour la continuation de la guerre sainte. C'est un mouvement populaire, on relation avec un certain état économique et social des populations de l'Occident. Bien que dans des proportions très modestes les pays germaniques participèrent.

Mais on s'aperçut bientôt que la croisade ne peut être que seigneuriale ou, pour les Italiens, bourgeoise.

Le frémissement enthousiaste des multitudes cessa. Or, elles avaient gagné une propension au mouvement, qui ne pouvait pas s'arrêter d'un coup. Des groupes se détachèrent donc pour la colonisation en Europe, sous des „comtes", des *gerebs*, qui étaient les chefs d'un village en marche.

Comme certaines royautés ava ent sur un territoire de conquête qu'elles ne pouvaient pas remplir du surplus de leur propres sujets besoin de pareils colons, on s'entendit facilement avec elles. Les Arpadiens de Hongrie conclurent ainsi les pactes avec les originaires du Rhin inférieur et de la Moselle, une population au sang en partie gallo-romain, au langage pénétré d'influences d'outre-Rhin; placés sur différents points de la Transylvanie, où il n'y avait eu jusque là qu'un évêché et quelques garnisons, ils furent des „Saxons" parce que, à cette époque, en Bosnie et ailleurs, tout Allemand travaillant aux mines est „de Saxe".

Dès le début, ces nouveaux venus cohabitèrent avec les Roumains. La théorie qui fait venir ces derniers des Balcans, où leurs ancêtres auraient passé au III-e siècle, n'est pas fausse, elle est absurde. On ne transplante pas des agriculteurs descendant d'une race tellement ancienne, les Thraces, qu'elle paraît aborigène, et pour attirer des immigrants il aurait fallu que la royauté hongroise eût accordé des conditions de vie supérieures à celles, excellentes comme autonomie, qui étaient dans les traditions de Byzance et de ses imitateurs, sans compter qu'à une époque si tardive les voisins auraient certainement parlé d'un mouvement de population aussi important qui aurait dû, bien entendu susciter, en route maints conflits.

Les Saxons ne seraient pas venus sans des indigènes

apables de les introduire dans une vie nouvelle; nulle part les Allemands ne se sont établis sans des prédécesseurs, et jusqu'aux Boers de l'Afrique méridionale la couche humaine primitive a été une nécessité. Les privilégiés du roi de Hongrie portent, en plus, un costume qui ne vint pas du Rhin. Leur langue a des mots et des phénomènes phonétiques qui ne proviennen as de leur lointaine patrie; des termes roumains se mêlent au vocabulaire agricole et aux formules élémentaires du langage usuel, alors que le correspondant manque absolument dans la langue des Roumains de Transylvanie, identique à celle de leurs frères d'au-delà des Carpa hes, qui n'ont jamais connu de Saxons.

Mais le roi de Hongrie voulut encore plus. Ces villageois qui se formaient déjà, grâce aux commencement d'un commerce important avec l'Orient, dans les bourgades qui devaient être bientôt des villes florissantes, ceintes de murs, n'étaient pas des soldats. La frontière transylvain demandaite à être défendue, étendue, si possible, au-delà des „montagnes de neige". Juste à ce moment les établissements francs de Terre-Sainte liquidaient au profit de Saladin. Les ordres chevaleresques se cherchaient une autre base. Ces Hospitaliers qui eurent une „commanderie" à Poznan allaient être invités sur le Danube vers la moitié du XIII-e siècle, mais dès le commencement de ce même siècle on appela les Teutons.

Ils arrivèrent et fondèrent des châteaux de bois, préparant des établissements plus solides. Convertisseurs des Coumans païens, qui dominaient, de leur horde, les villages roumains, sous leur „juges" et ducs ou voévodes, ils pénétrèrent en Valachie. Ils paraissent cependant avoir rencontré une résistance de la part de ces chefs populaires ; car autrement ils auraient eu le pouvoir d'avancer jusqu'au Danube leur *Kloster*, dont le Roumain a fait *cloaşter*, terme de caractère archaïque, qui ne peut venir que de cette époque. Mais b'entôt ils se butèrent à une autre opposition: celle du roi lui-même, qui ne voulait pas admettre un État teutonique dans l'ombre de sa couronne. Bien que soutenus quelque temps par le Pape, les chevaliers durent partir. Ils trouvèrent ailleurs un nouveau privilège, de nouveaux païens à convertir, et leur Prusse en marge des Polonais fut fondée par suite de cet échec dans le territoire de première colonisation. Entre les Carpathes et le Danube il ne devait pas y avoir de fondation nationale germanique.

Restés seuls et de plus en plus nourris par le commerce de la voie sud-orientale, le long des vallées de la Ialomiţa, de l'Argeş réuni à la Dâmboviţa, de l'Olt, les Saxons envoyèrent aussitôt après la fondation par les Roumains de la première principauté, capable de garder le chemin des marchands, la Valachie d'Argeş, de Câmpulung, de Târgovişte et de Bucarest, leurs avantgardes en pays de passage. Elles furent peu nombreuses, et, du reste, incohérentes. Bientôt elles se fondaient sans autres traces que l'église catholique dans la population dominante.

Il en fut autrement dans la principauté plus récente d'un demi-siècle, de la Moldavie, bientôt étendue, grâce aux nécessi'és du commerce entre la Galicie et Caffa de Crimée, jusqu'au Danube inférieur et jusqu'à la Mer. Le roi de Pologne Casimir, héritier des princes russes, avait à son tour besoin de colons pour Cracovie, pour Léopol, les centres de sa conquête galicienne. Il appela des bourgeois allemands en même temps que des Arméniens de Crimée. Ce n'étaient donc pas des paysans comme les Saxons, que ne protégeait aucune droit national; les colonisateurs des villes de la Galicie vinrent avec leur droit de Magdebourg. Allant à Caffa par la nouvelle voie moldave, infiniment plus sûre que le désert du Tartarie, ils ressentirent le besoin d'avoir aussi des relais. Ils obtinrent donc des princes moldaves de vrais „fondaques" comme en Orient, avec leur quartier, leur four, leur brasserie, mais, peu nombreux et pauvres, ces Allemands de Séreth, de Suceava — les Arméniens descendirent jusqu'à Roman, à Botoşani, à Iassy —, qui envoyèrent parfois leurs enfants à l'Université de Cracovie —, ne furent capables en rien — malgré des prétentions récentes — d'accélérer le progrès du pays. S'il y a eu en Moldavie des églises gothiques, destinées au culte catholique, c'est le prince allié à quelque princesse de Pologne, qui en fut le fonda'eur. Les bourgeois germaniques ne purent pas se maintenir.

Il en fut ainsi dans les rapports entre Roumains et Allemands jusqu'au XIX-e siècle. La colonisation s'était bornée en Transylvanie au territoire saxon, où les paysans roumains, opprimés par la bourgeoisie étrangère, s'agitaient et leurs avant-coureurs occupaient déjà les faubourgs des vieilles villes, demandant la parité légale; de l'autre côté des montagnes rien n'était resté de la pénétration médiévale.

Lorsque, après la paix d'Andrinople, entre Russes et Turcs, ces derniers restituèrent aux Roumains les gués du Danube, depuis longtemps perdus, et des villes nouvelles s'élevèrent sur le fleuve, de Brăila à Severin, la navigation à vapeur fut due à l'initiative du „grand Magyar" Széchenyi, et les premiers colons de ces ports nouveaux furent des Grecs, des Ioniens, des Levantins, des Italiens, — pas un Allemand.

L'Autriche cosmopolite représentait seule l'influence économique dans ces régions, bientôt unies sous la forme de l'État roumain. Lorsqu'en 1866 un Hohenzollern catholique du Rhin fut élu comme prince de Roumanie, on le considérait plutôt comme le parent et le protégé de Napoléon III, et toute tentative de l'employer pour les intérêts allemands serait restée inutile.

Il en fut autrement à l'établissement du Reich. Aussitôt ce „Drang nach Osten" devint violent et pressé. Une exportation fiévreuse arriva à dépasser celle de l'Autriche-Hongrie. Des établissements scolaires à Bucarest cherchaient à gagner les familles roumaines, et non sans y réussir.

C'est dans ces conditions que s'ouvrit, avec la tendance de la conquête en Orient, la grande guerre.

La Roumanie, le grand dépôt de pétrole, étant envahie après une résistance opiniâtre, on s'imagina pouvoir en faire un boulevard économique de la pénétration allemande. L'odieux traité de 1918 asservissait pour des dizaines d'années à l'Allemagne toute la production roumaine. Severin ayant été cédée à l'Autriche pour un autre laps de temps équivalant à une annexion, Giurgiu fut, dans les mêmes conditions, la base de l'Allemagne. De formidables dépôts, restés imparfai's, dominèrent le fleuve, et une flottille bavaroise était prête à confisquer la navigation danubienne.

Mais, en dehors des chances de la guerre, qui se tournèrent bientôt contre l'Empire universel de la race allemande, il y avait dans ces conceptions une grande

erreur: on n'avait pas pour la domination allemande
l'essentiel: l'homme allemand.

Pour exercer ici une influence qui peut être bien-
faisante, car elle viendrait d'une grande race haute-
ment civilisée, les Allemands doivent abandonner le
systhème des colonisations, impossibles, et les domi-
nations, intolérables, pour choisir celui seul qui peut
leur servir à eux sans blesser personne: celui de la
collaboration.

VIII

Les Italiens en Galicie

Le courant italien qui dans un certain domaine eut
une assez grande influence sur la vie de la Pologne
à la fin du moyen-âge et au commencement de l'é-
poque moderne et dont une forme est représentée même
par le caractère des édifices qui font le grand charme
inoubliable de cette Cracovie, vient-il directement des
villes de l'Italie, des splendides républiques de commerce de la péninsule ou bien faut-il admettre, pour
la plupart de ces hôtes au moins, spécialement pour
les Génois, un séjour préliminaire, une vraie initiation
dans les pays roumains?

Je crois qu'il faut répondre affirmativement à cette
question.

Ce n'est pas que je croie, comme on l'a fait longtemps, à la présence des marchands de Gênes sur le
Danube valaque, à cause de ces deux villes de Giurgiu
et de Calafat, auxquelles on a voulu accorder une
illustre origine. Giurgiu n'a rien à faire avec San-
Giorgio, le patron de la république génoise, et ce n'est
pas par un Calafato italian, „empoissant" des navires
de Gênes, que la seconde escale à son nom. Giurgiu
est la forme populaire roumaine de Georges, et le port
actuel est l'ancien village héréditaire des descendants
d'un fondateur ainsi nommé; il y a aussi des Kaléfati

grecs et le nom a pu passer comme nom d'homme, fondateur donc, lui aussi, d'un village. En outre on ne vendait pas du blé sur le Danube à cette époque patriarcale, sans État, de faible culture, et les paysans du XIII-e siècle n'achetaient ni brocarts ni draps d'or, ni „espèces" d'Orient.

Mais, lorsque les Génois aidèrent la dynastie des Paléologues à reprendre Byzance latinisée, en 1261, et qu'ils obtinrent avec la Péra des Vénitiens enfin évincés la domination maritime de la Mer Noire, ils eurent, sinon des factoreries formelles, au moins certaines attaches, des magasins mêmes, sur toute la côté occidentale de cette Mer. Les noms notés sur les portulans ont une signification décisive : on ne portait que ceux qui étaient d'un usage pratique. Aux embouchures du Danube même et sur cette partie de la côté de l'Euxin qui, allant jusqu'au liman du Dniester, en est comme la prolongation, ils établirent deux de leurs colonies, à consul, à massari-caissiers, à „écrivains" grecs, probablement à *orguxii*, à mercenaires de toute nation ; à Lykostomon, leur Licostomo („gueule du loup"; d'après la forme de l'embouchure), pour les Grecs : des „cellules" de moines dépendant du Patriarche de Constantinople, des Kellia, en roumain Chilia, et à la „cité noire" des Byzantins, Maurokastron, devenue la Moncastro génoise, pour arriver à être considérée comme „cité blanche" (Cetatea-Albă, dont l'Ak-kerman turc, adopté par les Russes) par les Roumains, habitués à avoir des fortifications de bois, plus noires.

La bande italienne de la Mer se prolongeait par cette magnifique Caffa aux hauts murs, fondation de Gênes en terre tatare, et par toutes ses succursales, à l'Ouest et à l'Est, de Lerici sur le Dniéper aux derniers points près du Caucase.

On allait de Péra à Caffa, mais de Caffa et de cette Péra elle-même se dirigeait-on directement vers la Pologne? Nous en doutons.

À une époque où il n'y avait à Léopol et à Cracovie pas un Italien de passage, les relations de la colonie constantinopolitaine avec la Valachie de Mircea l'Ancien sont constatées par les comptes de Péra. C'était l'époque où les Italiens, jadis réservés dans leurs murs, ces murs de la patrie regrettés par Dante, — leurs colonies n'étant qu'une miniature parfaite de la métropole —, suivant le courant individualiste de la Renaissance, essaimaient de tous côtés sans couverture de privilèges, sans solidarité de groupe. Ils vendaient les produits habituels de leur patrie et de l'Orient, mais ils agissaient aussi en maîtres du capital, dont le rôle montait dans le monde.

On voit ainsi dès 1404 le Vénitien Pierre Picorano à Cracovie. Mais bientôt se présentent des marchands dont le caractère montre qu'ils faisaient partie de ceux qui en Moldavie étaient les fournisseurs des princes, des boïars et qui restaient sujets à des avanies vengées par les représailles. Ainsi Jean Baptiste des Albori a une affaire avec Jacques le fabricant d'épées de Suceava. C'est un fait de 1552, mais dès le XV-e siècle la situation a dû être la même, au moins pour les Génois, qui abondent à cette époque en Moldavie. Tels Lucchino et Jean Gibeleto de Caffa, Jacques de S. Salvatore, Laurent Lomellino, qui sont de Péra, Nicolas de Fuligo, Antoine Centurione, Augustin, Missopero d'Ansaldo, Nicolas de Stradono, Augustin Maruffo, Accursio de Carignano, les frères de San-Donato. Pour

Georges Pollo en 1465 la mention est expresse : il vient de Cetatea-Albă, et un Dorino est de Suceava [2].

Ce sont bien des „individuels". Autrement il n'y aurait pas des Vénitiens comme Pierre Velluto et son frère Nemrod, mais surtout ces Florentins qui travaillaient aussi en Hongrie, la famille des Tedaldi, Ainulpho, Gianozzo, Perozzo, originaires de Péra, celle des Valetarii probablement aussi.

En tant que financiers, ils s'établissent en Pologne et exploitent les revenus d'un duc Ivan Langvinowitz, du roi lui-même. Ils sont douaniers ou zupparii à Grödek, à Drohobicz, à Léopol. Après Péra soumise, Caffa est prise par les Turcs en 1476, les ports moldaves en 1484. Aussitôt la Pologne n'a plus d'Italiens.

Ainsi ils disparaissent. Mais un demi-siècle plus tard, une autre nuée de marchands qui sont aussi parfois des financiers se dessine. Ceux-ci encore sont des anciens clients économiques de la Moldavie, où les leurs sont associés à des gens de Raguse, qui ne passent pas la frontière. Chez les Roumains ils jouent un très grand rôle : un Constantin Corniacte, vêtu de drap d'or, comme on le voit représenté sur les murs de l'église moldave à Léopol, est l'intime du prince Alexandre Lăpuşneanu, les Marini Poli de Raguse s'allient à la famille du Voévode valaque, les femmes des princes de Moldavie Jean le Saxon et Pierre le Boiteux viennent de ce Levant à demi italien encore. Avec des tonneaux de malvoisie — car le temps des draps d'or et des „espèces" a passé, et d'autres

---

2. Voy. dans la bibliographie roumaine nos *Studii şi documente* XXIII, nos *Acte şi fragmente*, III, dans la bibliographie polonaise Jan Ptasnik, *Kultura wloska wieków srednich w Polsce*, Varsovie 1922

font ce commerce —, ces gens de Chypre, de Crète viennent d'abord à Iassy. Avec Pero Galanti de Constantinople, de passage à Galatz, arrivent de Crète Luigi, Coressi, Michel Cavallo, un Turriglio, un Ambrosio, un Persano, un Domenego, un Gravani, un Cafaluco et un Alfani, un Pazzo, un Coressi, un Persano, un Cosma de' Campi, un Massari, un Montacuto, un Perdicari. Des îles vient Hector Vorsi. D'origine locale inconnue est le douanier moldave Battista Amorosi. Jean Baptiste Vevelli, qui habite Léopol et devint ensuite le conseiller le plus écouté des princes moldaves au commencement du XVII-e siècle, est Vénitien. Parfois ce sont des descendants de grande famille, tel un Barbarigo. Toute la lignée des Giustiniani donne témoignage, un cardinal à sa tête, que Niccorosio Nevridi descend de leur branche établie à Chios.

Avec la décadence et la fin de cette dernière vie coloniale en Orient, l'action des Italiens disparaît. Il n'y aura désormais que des marchands d'aventure comme Tommaso Alberti ou tel autre, Cornelio Magni, qui, en 1672, après avoir longtemps voyagé, accompagnait le Sultan Mohammed IV dans sa campagne de Pologne en 1672.

Une ère était close pour l'initiative italienne, et en même temps un ancien lien latin entre Polonais de civilisation latine et Roumains de sang latin était rompu.

IX

Le plus grand poète roumain, Michel Eminescu

Voici un poète qui n'aurait pas aimé qu'on l'apelle de ce nom, qu'il n'a, du reste, jamais employé. Il a vécu d'une pauvre vie isolée qui ne lui a pas déplu et dont jamais il ne s'est plaint; il n'a pas trouvé de lien entre ce qu'il faisait instinctivement et entre la vie littéraire de son époque; il a donné ses premiers vers a une modeste revue de simple propagande littéraire, qui n'a pas distingué ce collaborateur de l'habituel clinquant de collège ou d'université; il est tombé comme par hasard au cercle de la „Jeunesse" où on prisait surtout certaines lectures et une attitude „philosophique", il s'est laissé juger, même quelquefois transformer, „corriger" par n'importe qui. Plus tard, on l'a fait journaliste et il a rempli son métier non seulement en tâcheron, mais en défenseur, prêt à encourir tous les risques, d'une profonde conviction politique et sociale. Devenu fou par une mystérieuse fatalité passant sur sa famille, il s'est refait, a réapparu un moment à la surface pour soumbrer définitivement dans l'abrutissement et finir sous les coups d'un misérable fou. De son oeuvre, variée et pour chaque détail incidental marquée au sceau du génie, la plupart restait inédite et jusqu'à présent on n'a pas encore une édition critique.

On n'a pas essayé même de fixer les phases de sa pensée, qui a dû avoir une assez longue et toujours douloureuse évolution. Il serait difficile d'admettre l'ordre chronologique marqué par la date de publication de ses pièces. Peut-être ses cahiers pourraient-ils donner une explication. Jusqu'alors on peut essayer une idée d'ensemble.

Sa biographie peut servir à quelque chose, mais sans qu'on se fasse de grandes illusions. Dans la vie de quiconque est arrivé à trouver une nouvelle formule de l'intimité de l'âme et des choses et de leurs rapports — c'est cela, au fond, que la poésie — il y a des détails oiseux et même des détails invisibles. A quoi bon peut servir le recueil de lettres dans lesquelles sa soeur Henriette, malheurese fille au teint de cire et aux calmes yeux noirs, très doux, racontait le développement d'une affreuse maladie et devait mendier le secours des gens compatissants et aimant à savoir qu'on l'a appris ?

Originaire d'une familie qui ne paraît pas avoir des relations avec les Eminowicz galiciens, dont on vient de publier un volume de poésies polonaises. Le nôtre s'apelait de fait Iminovici et, en retranchant une finale que la scolarité autrichienne, favorisant l'élément ruthène, se plaisait à distribuer, on aurait Imin, ce qui ne signifie pas Émin, nom oriental, turc ou arménien. En plus, les siens étaient des paysans, plus ou moins cossus, parlant le roumain et le ruthène.

Le père était intendant de terres, personnage médiocre. La mère, d'une lignée de très petits boïars, Iuraşcu, n'avait aucune distinction. Des frères, des soeurs, dont certains avaient le germe du déséquilibre mental, allant jusqu'au suicide.

Naissance à Botoşani. Michel y fit ses premières é-
tudes, sans qu'on puisse dire où. La ville, de 30-40.000
habitants alors, abonde en vergers, en jardins. On y
vit comme dans un gros village, aussitôt après être
sorti des artères principales. Des églises puissantes, dont
les unes venant d'Étienne-le-Grand, de son fils Pierre
Rareş, au moins du XVIII-e siècle, la dominent de leurs
robustes clochers gris. Les murs enseignent l'histoire.

L'enfant se rend pour suivre le lycée à Cernăuţi en
Bucovine. Une contrée toute pleine de vieux monastères,
où sont enterrés les princes fondateurs ; nulle part le
vieil art moldave n'a laissé de plus nombreux et de
plus beaux monuments. Une atmosphère de nationalisme
religieux entoure ces symboles sacrés pour la race.
L'initiation de Botoşani fut poursuivie. Mais en même
temps le fils de l'intendant d'Ipoteşti trouva dans les
jeunes fils de paysans, ses collègues, des représentants
de cette admirable classe rurale capable de toute
beauté, toute pleine de passé, dont il devait introduire
l'âme entière dans une littérature autre que la pâle littérature guindée de salon. Il eut enfin comme principal
maître ce Roumain de Transylvanie, Pumnul, qui, établi
dans la capitale bucovinienne, y apportait les souvenirs d'une révolution nationale vaincue et la fière douleur d'un exil.

Engagé pour le moment dans une troupe de théâtre
ambulant, où il fit fonction de souffleur, il revint à l'é-
cole dans cette bourga de transylvaine même d'où était
venu l'apôtre. Or, ce Blaj, où l'Autriche soupçonneuse
avait relégué le métropolite uniate des Roumains, avec
ses chanoines et ses élèves, était un autre centre de
drue paysannerie. Faut-il s'étonner que l'extraordinaire
écolier crut de son devoir de recueillir ce qui lui parut

plus beau dans la chanson et les récits du peuple et commença ainsi sa carrière de poète?

Le voici à Vienne. C'était alors le vrai centre de l'unité roumaine militante. Les membres de la race s'y donnaient rendez-vous pour communier, en dépit de la culture étrangère, dans le même idéal. Il suffit de dire que c'est d'ici, et par Eminescu aussi, qu'est partie l'idée de commémorer le grand Étienne apprès de son tombeau à Putna.

Revenu à Jassy, où il fut un modeste bibliothécaire, un professeur de collège bafoué comme le professeur Delteil de Champfleury, un inspecteur d'écoles dévoué à une tâche ingrate, il fut appelé à Bucarest pour défendre les intérêts du parti conservateur — et à côté il bâtit toute la théorie du nationalisme historique et organique, qui domine aujourd'hui la pensée roumaine — pour finir par un banal assassinat dans un Charenton.

Il y eut dans lui un poète amoureux. Son imagination lui faisait voir dans un cadre de légende sa dame venant vers lui:

Des nuages tombe comme une poussière de diamants:
Elle pose sur les vallées, sur les hautes collines.
En face est la lune: par des soupirs qui passent
S'élève vers les voûtes l'arc-en-ciel de nuit.
Elle approche son cheval et sa main elle l'étend:
Lentement ses noirs cheveux se détachent et retombent
Dans les ondes de soie molle sur ses épaules.
Dieu, qu'elle est belle ainsi sous les rayons de lune!
Et il y a comme des pleurs dans sa voix: „Chevalier,
Ne va pas vers la mer, car je meurs de douleur,
Partage avec moi la terre, le paradis".
D'un désir, d'un souci vibrent toutes ses paroles.

„Mon chéri, tant voulu, dans mes bras jette-toi
Et la douleur cruelle de mon sein apaise-la,
Sois mon fiancé, celui que le sort me destine,
Car j'ai gardé pour toi l'offrande de mon sein pur."
— „C'est en vain, ô ma reine, que tu souris passant,
Car ma raison a mis un frein dur aux passions.
Ton image ne peut pas pénétrer dans mon rêve.
Avec tes grands yeux bleus tu ne prends pas mon coeur.
Conserve donc, ô reine, tes conseils sinueux,
Laisse-moi la voie ouverte; tentation, laisse-la-moi".
Elle disparaît: avec elle châteaux et bosquets.
Il n'y a qu'une mer glacée qui gronde et terrifie.

Une jeune fille transylvaine qui s'appelait Véronique, ayant de doux yeux bleus et d'admirables cheveux blonds, épouse, malgré elle, d'un professeur de chimie septuagénaire, le retint longtemps. Ce fut son seul, grand et noble amour. Il aurait fini, le professeur étant mort, par un mariage, mais des amis philosophes trouvèrent que ce serait manquer de dignité poétique et gâter son inspiration: Eminescu, cédant, n'en fut que plus malheureux.

Pendant cette époque de sa vie, il eut ses bonnes heures d'attente, de félicité, de désirs. Il les a chantées dans un ton où à l'influence du romantisme allemand s'allie le sentiment tendre et douloureux de la chanson du peuple. Nous placerions alors ses visions de forêts, ses imaginations de paysages nouveaux et étranges, Égypte, Espagne de don Quichotte.

La séparation vient. D'un geste fier il se détache de ce qu'il avait cru être son bonheur, mais il y a des larmes dans sa voix lorsqu'il dit l'adieu sans lendemain.

Tu me seras absente maintenant.
Adieu, et sois heureuse!
Dans mon chemin je t'éviterai
                    Dorénavant.

Tu pourras faire ce qui tu veux,
Ce que tu fais ne m'intéresse,
Bien que la plus douce des femmes
                    Me quittera.

Car je n'ai plus l'accoutumance,
Comme dans les jours que j'oublierai,
De m'enivrer même des rayons
                    Des astres doux.

Lorsque jadis, en tremblotant
Je regardais par les rameaux
Et j'attendais que tu paraisse
                    A la croisée.

Combien j'étais heureux alors
D'aller ensemble sur la route
Sous ce grand charme serein de la
                    Lune blonde.

Quand en silence je priais
Que la nuit arrête son cours
Pour que tu restes près de moi,
                    O femme!

Pour que j'entende au passage
Ces mots de doux amour qui sont
Objet maintenant d'un souvenir
                    Qui périra.

Car, si j'écoute encore maintenant
Ces riens si doux d'un autre temps
Il me paraît saisir le sens
                    D'un ancien conte.

Et, si la lune passe encore
Par les bosquets et sur les ondes,
Je m'imagine que j'ai vécu
                    Des siècles longs.

Avec les yeux du premier soir
Te regarder plus ne pourrais,
Et reste donc dans le lointain :
                    Adieu, adieu !

Des strophes en mètre antique donnent à sa douleur
une sereine majesté :

Je ne croyais jamais apprendre à mourir,
Jeune éternellement couvert de mon manteau,
J'élevais mes yeux, les rêveurs, vers l'étoile
                    De solitude.

Quand tout à coup tu parus sur ma voie,
Toi, ma souffrance triste d'une douce tristesse.
Je bus jusqu'à la lie la mort : quelle volupté
                    Inexorable !

Je brûle vivant comme fit jadis Nessus,
Ou comme Hercule qui fut envenimé de pourpre.
Mon jeu ne peut l'éteindre quiconque emploierait
                    L'eau de la mer !

De mon propre rêve détruit je me lamente,
Sur mon propre bûcher je péris dans les flammes.
Pourrais-je en ressortir lumineux, comme le fit
                              De ses cendres, Phénix ?

Que les yeux énervants disparaissent du chemin.
Reviens dans mon sein, triste indifférence.
Pour pouvoir dans le calme disparaître, eh bien,
                              Rends-moi mon âme !

Il savait déjà ce qui devait advenir, celui qui avait chanté le drame de Lucifer l'étoile, qui descendit du ciel, appelé par la jeune fille d'empereur, et se fit délivrer de son immortalité par Dieu, son maître et son père, pour trouver que la jeune fille, avide d'amour humain, s'embrassait avec un page[1].

Lui aussi il reprit ses rayons lointains et glacés. Dans la philosophie de ce grand poète français, lui-même sujet aux douleurs muettes, de Vigny, il trouva non seulement ce calme sourire de mépris pour la misère et les faiblesses humaines, mais, plus que dans Schopenhauer, dont on a voulu faire son inspirateur, la haine de ce qui est, parce que ce n'est que cela.

La révolte commence contre les établissements humains. Il avait chanté déjà la chanson de sa mort et du simple cercueil de rameaux entrelacés qui doit contenir sa dépouille :

Je n'ai qu'un seul désir :
Dans le calme du soir
Laissez-moi mourir
Au bord de la mer.

---

1. Traduction partielle dans nos *Études roumaine*, II, *Le Romantisme dans le Sud-Est de l'Europe*, Paris, Gamber, 1924.

Que mon sommeil soit doux
Et la forêt auprès,
Que sur les vastes cieux
Veille un ciel serein.

Je ne veux ni drapeaux,
Ni un riche cercueil,
Tressez-moi pauvre lit
De jeunes rameaux frêles.

Et personne après moi
Ne pleure à mon chevet,
Mais que l'automne bruisse
Dans le feuillage jauni.

Alors qu'avec bruit
Tombent sans cesse les sources,
Que la lune glisse doucement
Par la cime des sapins,

Que le bruit des clochettes
Passe par le vent du soir
Et sur moi le tilleul
Sacré meuve ses rameaux.

N'étant plus désormais
L'exilé d'aujourd'hui,
Tomberont amicalement
Sur moi les souvenirs.

Les arbres par les branches,
De vieilles connaissances,
Me souriront encore

72

> Et pleine de passion
> La mer mugira; —
> Mais dans ma solitude
>
> Moi je serai poussière.

Plus tard il reproduit dans „Empereur et prolétaire"
les imprécations des ouvriers socialistes de ce Paris
sous le second Empire que, comme l'Égypte des Pha-
raons, il n'avait jamais vu.

Il s'attaque ensuite, sur les traces de Vigny, à l'être
humain dont il veut la haine et l'outrage pour le plaisir
du martyre dont il voudrait faire comme la consolation
d'une vie condamnée, non pas par de simples accidents,
mais par d'atroces lois éternelles. Son Dace lancera ainsi
les plus terribles des anathèmes.

Enfin, après avoir mêlé des passions de journal dans
ses satires, toutes pleines de l'idée que l'existence est
fausse et vaine, il analyse le principe même de la vie
et crie douloureusement que, même si un mensonge
serait le but d'une vie, qu'il désirerait au moins utile
aux autres, il se reprendrait à l'aimer :

Comme un cierge qui s'éteint avec la vie, fumée,
Que la torche fumeuse de ma vie soit éteinté.
Pourquoi éternellement penser les mêmes idées?
Plutôt trouver enfin le calme dans un cercueil,
Je n'ai trouvé au monde une place où reposer,
Car je n'eus le courage ni du mal ni du bien,
Car je n'eus dans mes veines le métal des démons,
Ni la patience molle du simple homme de bien,
Car rien je n'ai aimé passionné, désirant, —
Un cerveau plein de rêves et un coeur ordinaire.

Depuis longtemps la voix du monde m'est étrangère,
Ce qui lui est beaucoup m'est devenu un rien,
L'avenir un passé, je le vois retourné,
La série des passions s'est tant de fois filée
Par les sèches mains des fées vieillotes, des années.
Les énigmes cachées me sont déjà ouvertes :
Je ne demande plus pourquoi le sort refuse
Un bonheur sans douleur et la vie sans la mort.
Depuis longtemps j'ai mis de côté les vieux livres
Qui disent qu'il y a un double dans chaque page de
                                             [la vie,
Car rien ne changera par leur sagesse de forme,
Avec des solutions bizarres, des termes retors.

Or la vie et la mort c'est nous qui sommes les maîtres,
Notre pouvoir s'étend sur l'une comme sur l'autre :
Une coupe de poison, une balle ou un poignard
Pourront également nous sauver des douleurs.
Pourquoi veut-on ce monde, aussi noir soit-il ?
Y-a-t-il quelque mission à accomplir ici ?
La vie a-t-elle un but ? Quelque but de salut ?
Sur l'autel de la race l'être est immolé ?
Dans l'éclair de l'idée, dans les battements de coeur
Y-a-t-il donc le pouvoir de relever un peu
Le fardeau des misères communes ? La mort dans l'âme,
Une douleur à côté en devient-elle plus calme ?
Je ne demande pas le bonheur, mais je veux
Apprendre que ma vie et ma mort ont un prix,
Que je n'aie pas moi-même comme l'humanité
Un seul sens : rêve d'une ombre, ombre d'un pâle rêve.
Oh démiurge, n'ayant pas mis dans les étoiles
Ma mission, pourquoi donc l'idée de mon néant ?
Pourquoi au milieu même de ma vie la nuée

Noire de pensées qui me fait voir le vide?
Pourquoi as-tu des yeux éclairci le nuage
Pour voir que dans mon âme il n'y a que l'ennui?
Pourquoi uniformement traîner une vie commune,
Ne pouvoir pas dormir du sommeil de la terre?

Désert sans aucun charme et dénué de sens,
Ma vie ne se relie au moins à une erreur,
N'étant ni inférieur, ni plus grand que tel autre,
Ne luttant avec moi, avec d'autres ne veux,
Pour un mensonge grand ou une grande vérité,
Tout cela m'étant égal, car je ne demande plus
Que de trouver ma place, à droite, à gauche, n'importe,
Que je tue ou je soit tué, sans distinction,
Que le soir de ma vie me trouve à quelque place,
Car mensonge, vérité, que sont-ce que des mots vides?
Je voudrais être pris d'amour pour quelque chose,
Car, ne croyant en rien, je ne peux rien aimer.

Une condamnation totale avait déjà passé par son esprit, lorsque, au chevet d'une jeune morte, il avait, cruellement et simplement, tout nié.

Cependand il y avait en lui aussi un autre être. Un être capable de désirer la vie, pleurant seulement sur sa durée passagère :

> Les voiles ployées
> Dans le calme du vent
> Le vaisseau fait son cours
> Loin de la terre
>
> Voici les hirondelles
> Entre le ciel et l'onde.
> O étoiles, claires étoiles,
> Astres sans nombre,

Pourquoi ne pas me prendre
Sur vos traces d'or?

Pourquoi suis-je donc triste,
Lorsque les vagues meurent
Et d'autres ondes succèdent,
Se jetant à leur suite?
Pourquoi la chute des fleurs
Et des feuilles nous pèse?
O nuages, doux nuages,
Sauriez-vous jamais
Pourquoi l'éternité
Qui est en nous, meurt?

Une foi profonde penètre
Toujours l'humanité,
Qu'il y a une place où
Le bonheur est chez lui,
Et tous lui courent après,
Et ne le trouvent nullé part.

Ainsi de ce bas monde
J'aurais voulu périr,
Comme une onde sans nom,
Comme le jour qui finit.
Mais, comme toujours
Nous rentrons dans le cours
Des nuages qui passent,
Comme le soleil, la lune,
Nous roulons sans relai.

Pourquoi pleurer alors
Le sort qui touche tout?
Ce qui brûle s'éteindra
Et mourra ce qui vit.

Un être tout pénétré du sens des symboles archaïques
de sa foi :

Par les grands murs noircis, aux relents de moisi
Le froid esprit de mort se faufile en silence.
Une seule voix qui épelle les mots doux comme le miel
Que l'ancien Evangile enferme entre ses pages.

Une lumière vacillante entre ses mains, tout blanc
De barbe, un vieillard enseigne, des pages graissées,
Au peuple que la mort combat sans cesse la vie,
Qu'elle vainc depuis trois jours, en torturant sa proie.

Une profonde musique, toute pleine de douleur,
Pénètre mystérieuse les fortes voûtes de l'église,
Le mort nous a touchés, Seigneur, dans chaque coin,
Car elle frappe la source même de toute vie.

Devant toi, un flocon de neige, voici tout l'homme,
Et ce rien te demande un rayon consolant.
Dans des vagues résonnantes, de plaintes angoissantes,
Nos prières, ô Seigneur, se détachent de nos bouches.

Puis de nouveau silence, effroi des coeurs timides,
Les ténèbres s'émeuvent, des murmures s'élevant.
Douze heures sonnent... C'est le coeur même de la nuit...
Entre les murs noirs la lumière envahit,
Un long éclat de voix résonne tout joyeux ;
Vers l'autel se dirigent les regards de la foule,
Car le Christ est sorti victorieux du tombeau,
Et nos coeurs fraternisent dans le chant de triomphe :
    Des chants de gloire nous élevons
    Vers toi, Dieu unique,
    Portant des psaumes et des rameaux.

Ployez les têtes, ô nations,
Chantez en chœur : alléluia,
Le Christ ressuscita des morts
Avec les bienheureux,
Brisant la mort même par sa mort,
Et sa lumière il la porta
A ceux qui gisent aux limbes.

Un être adorant les grandes images du passé de sa
race :

Dans ma vieille pensée et dans mon cœur désert
Surgit pensée dorée comme une étoile naissant,
De la mer endormie, qui s'élève vers les cieux :
Le passé est en moi, je suis dans le passé,
Comme le ciel dans la mer qui le respire, se trouve.
Je me souviens un grand festin de ce temps-là,
Alors qu'Étienne régnait et sa mort était proche :
Pâli comme un rayon, maigre comme un vieux lion,
Il étendait son sceptre de son trône magnifique
Et, à ses pieds branlants, je restais à genoux.
Entre ses doigts séchés trop lourd était le sceptre,
Sur les épaules les boucles blanches, sur le sein barbe
blanche.
Sous ses cils grisonnants brûlait le feu de l'âme
Comme des étoiles noires qui ne s'éteignent jamais
Comme la lune dorant tout était doux son regard.

Il croyait dans l'avenir de sa race, la rêvait libérée
des misères contemporaines, digne de son grand passé,
jouissant d'une civilisation originale. Il l'a maintes fois
dit en prose, déplorant seulement que sa génération

ne fût pas digne de cette haute et lourde mission.

Une dualité? Nous les portons tous en nous. Et c'est elle qui donne à la douleur un baume et un espoir dernier au plus sombre désespoir.

X

Relations économiques entre Lwów et la Moldavie

Les relations économiques entre Lwów et les pays roumains voisins au Sud ne datent que de la seconde moitié du XVI-e siècle et elles ne viennent pas de la vitalité en progrès des deux régions. Elles ont été provoquées d'un côté par l'établissement des colons germaniques en Galicie sous le règne et par la décision de Casimir-le-Grand — et des émigrés de la Petit Arménie suivirent après la destruction du royaume par les Turcs et leur passage de Crimée vers l'Ouest polonais — et, de l'autre, par la bande génoise qui se forma de Péra jusqu'aux vallées du Caucase à partir de la fin du XIV-e siècle.

La principauté de Moldavie dut à ces possibilités de commerce, sinon sa fondation même, au moins tout son développement, étonamment et je dirai: *uniquement* rapide. Des villes de type germanique se formèrent aussitôt. Mais une question se posa bientôt à l'égard de ces gens de Suceava et de Séreth qu'on rencontre si souvent dans les comptes de cette ville de Léopol désormais et surtout avant ce commencement du XV-e siècle, quand la principauté se consolide. Allaient-ils jouir comme en Galicie d'une existence autonome? Seraient-ils assez nombreux pour pouvoir vivre, non pas à la façon des Italiens dans

les *jondachi* et les colonies d'Orient, isolés par leurs
privilèges, mais comme des fidèles reproductions de
la métropole, munis comme elle du droit originaire
de Magdebourg, défendu par une administration spéciale? Dans ce cas peut-être aurions-nous eu en Moldavie aussi de riches et belles églises à la façon de
l'Occident et toute une vie culturale appartenant à ces
„hôtes". Mais la Moldavie était un pays régi à la
romaine, de forte monarchie: S'il s'agissait de bâtir
des églises, c'est le prince qui en avait le devoir, et
c'est lui qui en retirait l'honneur. Le progrès cultu-
ral était en fonction de cette couronne princière.

Donc ces colonies dépérirent. Les éléments étrangers devinrent des citoyens comme les autres. Lwów
en profita, car elle retint, avec Cracovie, et infiniment plus que Cracovie, tout ce mouvement qui n'a-
vait pas pu se transporter et transplanter dans ces
places de Moldavie, restées de simples relais provi-
soires.

C'est là qu'afflua donc pendant trois siècles une
large partie de la vitalité roumaine dans le domaine
économique. Avant de caractériser les raisons de cet
afflux et son aspect, on peut se demander s'il n'y eut
que cela, si l'art n'en a pas eu sa part.

On a peut-être trop facilement admis que dans la
structure des églises moldaves aux ornements gothiques il n'y a eu que les *muratores*, les „Maurer" de
la Transylvanie saxonne et que les objets de métal
de leurs trésors princiers venaient seulement de
Kronstadt (Brașov), de Hermannstadt (Sibiiu), de Bis-
tritz (Bistrița). Trop nombreux sont les rapports,
maintes fois mentionnés dans les documents, du monde
moldave avec les „argentiers" de Lwów, et dans ce

que transportent au moment de leur fuite ou de leur
catastrophe le prince ou ses agents, Étienne Tomşa,
Pierre Rareş, on aurait pu reconnaître la marque de
ces maîtres qui avaient vu chez eux les travaux de
Vit. Stosz et de son fils et de Peter Vischer.

Mais, en fait d'échanges, deux catégories d'articles
surtout étaient dirigées vers la Pologne.

D'abord le poisson du Bas Danube, du côté de Licostomo (Chilia), ces *husones*, les magnifiques estur-
geons qui sont portés dans la liste de telles conces-
sions faites par le prince aux monastères moldaves
qu'il protégeait. C'est pourquoi deux des plus anciennes mentions de la terre roumaine dans les comptes
de Lwów parlent de la Bessarabie, de la vraie Bessarabie, le territoire des princes valaques, de la lignée
de Basarab, des *Multany*, et pas celle, au nom ca-
mouflé, que créèrent les Russes annexant en 1812
toute la moitié orientale de la principauté. De ces
poissons se nourrissaient les longs jeûnes de ce monde
strictement catholique.

Ensuite les vins, *vina valachica*. A Cotnari, où on
voit encore la petite chapelle en pierre d'Étienne-le-
Grand à côté de la bâtisse socinienne ambitieuse du
„Despote" Jacques l'Héraclide, on avait installé des
vignerons allemands, de Tokaj d'après la tradition,
pour y planter ces côteaux d'argile jaune sur les-
quels a sévi, hier, le phylloxéra. Le prince y avait
un „burgrave" *(pârcălab)*, qui apparaît aussi dans les
actes de Lwów à telle époque, comme Grégoire Ro-
senberger sous Pierre Rareş. Ce bon vin, pas cher,
passait en quantité à Lwów, où le vendaient des ca-
baretiers indigènes, alors qu'à Poznan, vers la fin
du XVIII-e siècle, c'étaient des Roumains de Macé-

doine qui vendaient comme *vinopolae* des boissons étrangères. Ce petit vin aigrelet devança la malvoisie des Orientaux et même après l'importation de ce doux breuvage il fut préféré par les classes populaires.

Ces produits étaient voiturés par des Roumains, des paysans, de Sucéava et de Séreth, mais aussi de Baia, de Roman, de Bârlad, etc., dont les archives de Léopol seules nous ont révélé l'existence. Sur leurs chars à boeufs — ces beaux grands boeufs blancs qu'on employait aussi comme moyen de paiement et qu'on exportait jusqu'en Angleterre par ce Danzig dont venaient nos cloches et une certaine argenterie de table —, ils suivaient, ces paysans, la *via valachica* et passaient sur le „pont des Valaques" pour arriver et s'arrêter au „faubourg des Valaques".

Ils n'avaient pas encore d'église. Un terrible prince, tueur de boïars et bâtisseur d'églises comme cette belle Slatina moldave qui se range en première ligne des monuments de l'art moldave, sollicité par des bourgeois ruthènes qui ne connaissaient pas la munificence du lointain grand-cnèze moscovite, se hâta dès 1558, d'envoyer des „gros" de sa façon, de l'argent polonais, des boeufs, des brebis à vendre, des pierres de cire, pour ériger la première chapelle qui ne put guère avoir l'ampleur, la solidité et la complication du grand édifice actuel de l'„église valaque", due au talent hardi de trois Italiens. Pour soutenir pendant des années les dépenses, il posait cependant des conditions: ne pas trop dépenser avec le mur d'enceinte, séparer les femmes dans l'intérieur, entretenir dignement par l'offrande des fidèles, dont les petits pains sont critiqués, ainsi que par leur devoir de faire bénir le pain de céans le pope, faire que la cloche en tintant dise son nom d'Alexandre. Il donnait des objets du culte et s'offrait à apprendre le rite, le bon rite grec, à des chantres envoyés de Lwów, comme il l'avait fait pour Przemysl. Son inscription en lettres „chrétiennes", pas latines, dont il parle, en fixant le prix, a malheureusement disparu lors de la grande réparation et transformation de 1620-8, dûe à son successeur Miron Barnowski, prince moldave et citoyen polonais, et aussi à la réfection totale par le riche marchand léopolitain Alexis Balaban, en 1672.

Un des intimes de Lăpuşneanu était ce Crétois Constantin Corniacte dont on voit le portrait sur toile, probablement une copie de fresques disparues, dans l'église valaque. Né de nobles parents dans son île, dont les marchands essaimèrent après lui, pendant la seconde moitié du XVI-e siècle, il fut en Moldavie douanier et surtout grand capitaliste. Le royaume voisin l'adopta et il vécut dans la même qualité, sous la protection de plusieurs rois de Pologne, qui n'oublièrent pas ses deux fils aussi. Il ne finit ses jours, très âgé, qu'en 1602.

On peut lui attribuer aussi un rôle politique. Le Despote ayant pris le trône d'Alexandre et étant renversé lui-même par le chef des boïars révoltés, Étienne Tomşa, celui-ci, qui, avec ses amis, Moţoc et Spancioc, et leurs femmes, dont une Candochia et une Magda, avait cherché un refuge en Pologne, fut décapité. Peut-être aux sollicitations des Turcs avides de son héritage faut-il ajouter les instances de ce fidèle d'Alexandre, auquel il devait les débuts de sa fortune. Élu roi de Pologne, le dur Transylvain Étienne Báthory n'hésita pas à faire couper des têtes princières pour satisfaire le Sultan dont il aurait désiré envahir le Danube. Après le bel aventurier cosaque Jean dit Potcoavă, „fer-à-cheval", parce qu'il avait le même talent physique que plus tard Auguste II, fut décapité sur la place de Lwów ce bizarre prince Iancu le Saxon, fils naturel de Pierre Rareş avec une Saxonne qu'il avait trouvée au siège de Braşov et arrivé, après de longues vicissitudes, à gouverner la Moldavie, de cette Jassy qu'il traversait pompeusement en traineau d'ivoire. Le roi prétendit qu'il entretenait son luxe insensé de l'argent rançonné des marchands de Pologne jetés en prison. Destitué par les Turcs, il fut pris par les gens de Báthory dans la montagne, et on feignit de croire qu'il cherchait un autre abri que le royaume pour pouvoir faire exécuter celui qui n'aurait donc pas été un hôte.

Envers sa veuve Marie Paléologue, originaire des îles de l'Archipel, le roi, avec ou sans remords de conscience, fut plein de condescendance. L'ayant prise sous sa protection tacite spéciale, cette malheureuse descendante des empereurs de Byzances, il lui permit de résider à Lwów, où elle était locataire de dame Barbara, sur le pourtour même de cette grande place qu'elle ne pouvait jamais regarder sans voir la place même où son mari avait expié.

Elle vivait d'affaires dans un monde qui s'était rassemblé autour de son vieux blason grec, autour de son prestige roumain éclaboussé de sang. Il y avait son fils du premier mariage, Philippe, ses filles du même lit, Émilienne, Oméliane et Chrysaphine, cette dernière mariée au Grec Antoine Catacallo, son fils et celui de Iancu, Bogdan, plus tard prince d'un jour, et les soeurs de cet enfant, dont l'une épousa lle Vénitien Zane. Des gens de Crète, de Chypre, de Chios, comme ce „domestikos" Niccorosio Nevridi, re-connu comme parent par les Giustiniani, se trouvaient dans cette colonie dont sortit Jean Baptiste Vevelli, qui mena à son gré les affaires moldaves jusqu'à sa mort, bien loin dans le XVII-e siècle.

Ce siècle vit d'autres rapports entre Lwów et les Roumains jusqu'aux grandes entreprises de Balaban, jusqu'à la mort en prison de cet autre richard, le prince moldave Duca, associé du fondateur de cette église valaque où furent déposés les réstes du pri-sonnier, alors que ceux de Tomşa gisaient oubliés chez les Basilitains de St. Marie et ceux du „Saxon" aux Bernardins[1].

Il y a du gain, il y a un peu d'art, il y a aussi du sang innocent dans ses relations. Mais de tout cela se forme ce précieux élément d'histoire séculaire qui plus même que les protocoles diplomatiques, les conventions militaires et les communications écono-miquent relient d'une façon permanente les nations.

---

1. Récit de sa mort, découvert par M. P. R. Panaitescu.

XI

Rapports intellectuels roumano-polonais

Il y a eu deux civilisations roumaines à côté, dont l'une seule a retenu pendant longtemps toute l'attention. Celle de la Cour, de la chancellerie, des offices, de l'Église séculière et des couvents, des écoles et des écrivains. C'est le slavon des Balcans dont elle se nourrit, aussi par la profonde infiltration venant, au moment de la disparition des États chrétiens dans les Balcans, un peu de l'école bulgare du Patriarche Euthyme de Trnovo, beaucoup de celle des Serbes à l'époque de Constantin le Philosophe. Tout un art, de très anciennes traditions, localisé, assimilé, bientôt transformé, en était l'annexe naturelle.

Pouvait-on s'en inspirer dans le monde des „ignorants", des femmes, sans parler des masses? Certainement non. Et, comme cette société avait une âme, qu'elle a bien montrée en résistant pendant des siècles à la formidable poussée turque, il fallait à cette société un peu de poésie.

On la trouvait dans les Écritures. Il est prouvé que leur première traduction date du commencement même de ce XV-e siècle, quand le hussitisme tchèque pénètre en Hongrie Supérieure et atteint aussi les Roumains. Or, comme la production poétique précède toujours les premiers essais en prose, il faut bien admettre que bien avant cette oeuvre accomplie par

un clerc sur un point entre le Maramurăș, la Transylvanie et la Moldavie, on a trouvé — chose ardue
et grande — les rythmes, qu'on avait composé des
chansons sur la trame de leur mélodie et il était
impossible que dès le fondateur des principautés les
domni n'eussent désire entendre chanter leurs exploits
dans une langue généralement intelligible.

Autant que les pays roumains vécurent dans la
dure discipline de Byzance, fixées et figées dans cette
tradition d'empire, la souveraineté absolue d'un prince
trouvant des bornes seulement dans les très anciennes
coutumes du peuple, cette seconde civilisation se trans-
mettait d'un homme à un autre par le récit ou la
chanson non mis par écrit, quelque fois par la copie,
pour ainsi dire furtive, des vieux bouquins hussites,
entachés d'hérésie, par des manuscrits où le texte
sacré était écrit en noir et à chaque groupe de mots,
en rouge, la version roumaine.

Cette époque correspond à celle où la Pologne sous
la continuatiom jagellonique des Piastes conserve
l'essence de la royauté divine, bénie par le Pape, du
moyen-âge.

Mais vers 1560 il y a pour les deux pays comme
une délivrance. La Renaissance a pénétré en Pologne et elle sème l'esprit de l'individualisme, l'in-
vitation à l'aventure. De même pour les Roumains,
pour les Moldaves, qui intéressent ici, à la disparition de la dynastie légitime, fondatrice, d'Étienne-
le-Grand, qui ne se continuera désormais que par des
bâtards suspects.

Les deux aristocraties délivrées d'une longue contrainte se rencontrent, s'associent, se confondent pres-

que par les nombreuses naturalisations de boïars en Pologne à la fin du XVI-e siècle. Ce que „le Despote“, avec son école de Cotnari, avec son évêque polonais marié, Lusinius, avec ses projets de Réforme réligieuse avait commencé se continua de soi-même. On commença dès lors à envoyer les enfants en Pologne, à Bar de Podolie, même à Lwów, pour y faire des études élémentaires; les fils des marchands, des émigrés devaient s'y gagner aussi une instruction de langue latine, à la façon occidentale.

De cet état d'esprit résulta aussi une autre litterature chez les Roumains, bien que seulement une littérature de traductions. Alors que l'esprit chevaleresque, romantique, d'entreprise héroïque dominait chez les Movilă, les Stroici — dont l'un Lupu, qui traduisait son nom en Lukasz et signait, comme logothète, aussi en lettres latines, d'ortographe polonaise, sous les diplômes princiers, donnait pour un recueil étranger le Pater Noster roumain dans la même ortographe — un Balica, un Barnowski, de même que chez ces Korecki, ces Potocki et Wiszniewiecki, époux des filles du prince Jérémie Movilă, Michel-le-Brave, prince de Valachie, puis de Transylvanie, enfin de Moldavie aussi, cherchait à répéter la légende d'Alexandre-le-Grand. On chanta ses actes de hardiesse: un Roumain prisait dans, une brève chronique, avant tout son élan et son sacrifice, un Grec sans études, Stavrinos, trésorier du prince, présentait ses propres conationaux comme de parfaits preux; à la Cour de Constantin d'Ostrog, un autre Grec, Georges Palamède recourait aux moyens du Tasse pour donner l'épopée de ce vaillant. Et le style montre que les Roumains ont traduit dès lors le livre d'Alexandre, du serbe, et d'une autre forme slavone ce Roman de Troie, où Hector et Achille sont de parfaits chevaliers.

Ceci dura, avec des „rokosz" en Pologne, avec la longue lutte pour le trône que porta, aidée par ses gendres, l'opiniâtre veuve de Jérémie chez les Moldaves, jusque vers 1630.

Alors la Renaissance, qui depuis longtemps avait pénétré en Pologne, arrivant de la phase individuelle à la création de nouvelles formes collectives, fixées une fois pour toutes, restaure la conception d'État, les principes de la sagesse politique, la direction constructive. C'est alors que parut le boïar Grégoire Ureche, dont la première jeunesse s'était passée en Pologne, pour donner, en politique avisé, la première chronique de son pays, dès les origines romaines auxquelles il tenait de tout son orgueil national.

Son père, Nestor, n'ignorait pas, lui non plus, le royaume voisin. Mais les quelques pages d'histoire qu'il a laissées, ont un bien autre caractère. C'est, comme tant de combattants français des guerres de religion, un auteur partiel et passionné de mémoires personnels. Grégoire, au contraire, semble parler au nom du pays seul, de ses souvenirs et de ses intérêts. La phrase, simple, ne vibre jamais au gré de ses propres sentiments.

Aussitôt cependant un nouveau romantisme, une réédition de l'idéologie individualiste se produit en Pologne. Entre la perruque pacifique d'un Jean Casimir glabre et entre la tête ronde tondue et la lourde moustache fière de Sobieski. il y a un autre différence que celle de la toilette. On a maintenant une abondante é-

nergie qui demande à se dépenser, qui est heureuse de
trouver n'importe où et n'importe de quelle façon un
champ d'action. Lorsque Jean III apparaît en Moldavie, qu'il traversa deux fois, chantant à Jassy ses vers
moldaves cinglants à l'adresse du prince Constantin
Cantemir, ancien officier moldave dans son armée,
le plaignant de „n'avoir ni maison ni table ni chère
compagne“, il menait à ses côtés des preux comme ceux
qui plus tard après Pultava crurent de leur devoir,
leur roi Stanislas Leszczynski à leur tête, de partager
le malheur de cette autre „tête dure“ de batailleur,
le plus dure et le plus grande, Charles XII. De son
côté, la Moldavie donne au roi de Pologne, à Charles
XII, „le lion“ suédois, à Pierre-le-Grand tout ce que
la petite noblesse avait de plus entreprenant, Turcul,
Théodore Calmăşul, Davidel, etc. Et la réponse de
Cantemir à Sobieski, parlant avec regret de sa femme
morte, mais soulignant le geste qu'il avait fait
évitant par sa retraite un combat entre chrétiens et
laissant au roi une maison hospitalière et une table
fournie, répond à ce même état psychologique.

La littérature devait s'en ressentir. Miron Costin,
fils d'un Serbe, n'est pas dans ses écrits — histoire des
commencements romains de sa race, chronique de
Moldavie, poème polonais, rapport fait à Sobieski dans
la même langue—, un homme politique comme Ureche,
un conseiller princier. Le chef du parti ami des Polonais, qui devait finir de même que son frère Ve-
lişco, Hetman de la principauté, sous la hache du
bourreau — et le prince Démétrius, fils de Constantin
Cantemir, a décrit dans un diptique la scène de cette
veillée de morte à la campagne, Miron préparant les
obsèques de sa femme, interrompu par l'arrivée des

exécuteurs précis d'un ordre inexorable et de cette chevauchée du jeune fils de Miron, cherchant à Jassy un moment de sursis et butant à l'aube centre le corps de l'oncle recouvert du brocart d'or de sa charge —, raconte par patriotisme, par orgueil de race, par désir de faire voir une science qu'ils prise, comme une conquête du sabre, par plaisir de parler de lui-même, de ceux qu'il a aimés, de ceux qui n'ont pas été ses amis. Il est tout personnel, alors que les Psaumes eux-mêmes, passant par la plume du Métropolite moldave Dosithée, qui suivent l'exemple du grand Kochanowski, prenaient un caractère de popularité paysanne et de pensée individualiste.

Par suite du long séjour des Polonais, servis aussi par des officiers moldaves, en Bucovine et plus bas, par suite peut-être de l'appui de Miron, désirant donner une éducation latine à ses fils, Nicolas, Pierre, Jean, sans qu'ils quitassent le pays, il y eut dès 1690 une école à Jassy de ces Jésuites polonais, jusqu'alors évêques latins absents ou moines ignorants comme les Franciscains italiens, malgré l'importance culturele de leur premier établissement à la fin du XVI-e siècle sous l'impulsion d'un Solikowski, d'un Warszeiwiecki. Les Polonais de Bender y trouvèrent un appui, un hospice, un tombeau, alors que, pour récompenser les pères de leur enseignement, les grandes familles moldaves les comblaient de dons.

Nicolas Costin s'y forma. D'une bibliographie abondante, d'une lourde information, d'une architecture puissante et pesante, il y a chez lui comme une réplique des grandes cathédrales, de l'Ordre de Jésus. Prétendant remplacer son père comme la catédrale polonaise étouffait une chapelle de la Renaissance, il laisse l'impression de la grandeur, de la solennité et du vide.

Le XVIII-e siècle signifie l'abdication nationale des deux peuples sous la culture française, que les Roumains n'avaient pas besoin de chercher indirectement à Varsovie. Le siècle passé a été chez nous également l'époque de la lutte pour notre droit par les moyens de la littérature. Nous lui devons notre renaissance politique.

Mais les résultats acquis, c'est encore la littérature qui doit les consolider. Dans ce but nous pouvons nous faire des emprunts. Dans la très grande et belle production poétique des Polonais nous pouvons trouver une idéologie mystique sur laquelle repose le nationalisme de la Pologne et dans Eminescu et nos nouvelistes nous pouvons offrir un complément de discret naturalisme venant d'une nation foncièrement paysanne.

TABLE DES MATIÈRES

Table des Matières